よくわかる!

# 日本語能力試験 合格テキスト N1

# 文法

留学生就職サポート協会 監修
尹貞源 著

# はじめに

私たち留学生就職サポート協会は2019年8月に発足した一般社団法人です。日本に留学した外国人留学生が日本の教育機関を卒業後、日本の企業に就職するためのサポートを目的としています。

そこで、私たちは留学生たちが日本語能力試験N1に合格できる日本語の力が身につく学習塾の開講を考え始めました。こうして2020年4月から「N1塾」の授業が始まりました。

教授陣は日本や国外の大学のほか、国内の日本語学校で長く日本語を教えている経験豊かな、優れた日本語教育者ばかりです。

本シリーズは1年間をかけて教授陣が何度も検討会を積み重ね、ようやく自分たちの教授経験を盛り込んだテキストを作成し、『よくわかる！日本語能力試験N1合格テキスト』5冊として刊行することになりました。

どの領域も学習者が興味を持ち続け、学習意欲を落とさずに日本語能力が高められるように工夫されています。留学生の皆さんがこの教科書を手にし、最後まで手放さず日本語能力試験N1に合格できることを私たちは心から祈っています。

どうぞ、この『よくわかる！日本語能力試験N1合格テキスト』を信頼して学習を進めていってください。N1試験に合格すると日本企業への就職が大変有利になります。

2021年3月
留学生就職サポート協会理事長　南雲 智

◎本書の学び方について

☆　文型を覚えるときは、前後によく使われる表現にも注目しましょう。

☆　例文は普段よく使われるものや、旬の話題を入れてあります。とくにアンダーラインのところは丸暗記しましょう。

☆　巻末の機能別索引（140ページ）は、試験直前のまとめとしても役立つと思います。頻度別マーク ●●● を参考に勉強しましょう。

## ◎本書の読み方・使い方

この本は、文型に対して問う「文の文法１」の練習のために作られたものです。

N1の文型のほとんどは、みなさんが今まで学んできたものを、少しかたい言い方にしたり、くだけた言葉に崩したりしたものです。つまり、既に知っている文型を少し変えたり、追加しているだけですので、大変だと思わずに前向きに進みましょう。

難しい文法の説明はなるべく省き、やさしい例文で意味をすぐ理解できるようにしました。特に、文中のアンダーラインを引いたところは、そのまま丸暗記しましょう。なるべく似ている意味の文型を並べ、183個の文型を紹介しました。難しいと感じるものは注意点などをしっかり頭に入れて置き、易しい文型はさっと一通り目を通すだけでいいと思います。

勉強の進め方ですが、15回で終えるとなると、1回に12から13項目進めばいいと思います。

または少しスピードを上げて1回15項目ずつ進めば、あと2～3回は難しそうな問題をピックアップして復習にあてることもできますので、自分の都合に合わせて調節してください。

試験に出る文型についての問題のパターンは二通りです。

例えば、「～や否や」

「彼女は母親の顔を見るや否や、すぐに泣きだした。」が答えだとすると、

① 前半を問う問題

彼女は母親の顔を（　　　）や否や、すぐ泣きだした。

② 後半を問う問題

彼女は母親の顔を見るや否や、すぐ（　　　）。

（　　　）の中に入る適切なものを選ぶということになります。

この本では、以下のように、意味や接続の仕方、例文、注意点、問題の順に提示しています。

◎例文とその説明

## 1 ～や／～や否や ●●● (書)

**意味** ～とほとんど同時に（予想外、驚き）

**接続** V＋や／や否や

**例文** ・ダンスが始まるや否や、ショッピングモールの特設舞台の前に人が集まってきた。

・コンサートのチケット販売が始まるや否や、サイトのアクセスが殺到した。

★「見る、着く、始まる、終わる、押す」など、動作が一瞬で終わる瞬間動詞につく。

★★ 後半は、過去の事実を説明し、突然何かが起こったことを強調する。

★★★ 後半に、「～たい、～よう、～てください」など、話者の希望・意向や依頼の文はこない。

**問題**

① 発音の特訓を（　　　）や否や、長音と促音を完璧に発音できるようになった。

a. している　　b. 始める　　c. 受けた

② マンションの非常ボタンを押すや否や、（　　　）。

a. すぐ警備員が飛んできた　b. もうすぐ警察官が来る　c. 警備員が確認してください。

## この本で使用しているマーク

●●● 非常によく出る文型

●● よく出る文型

● たまに出る文型

（硬）ビジネスや公的な場面などで使われる、硬い言い方

（話）友だちや家族など親しい間柄で使われる、話し言葉

（書）手紙や案内文などで使われる、書き言葉

（ー）マイナス評価。後悔や批判、残念な気持ちなどを表す時によく使われる。

（＝）同じ

＊ 慣用的な言い方、よく使われる表現

★ 解説、要注意

**kw.** 問題の答えを見つけるためのキーワード（key word）やヒントになる言葉

◎ 正しい（◎ 晴雨にかかわらず）

✕ 間違い（✕ 晴雨によらず）

## ◎接続の表示方法

| 品詞 | 活用形 | 解説文中の表示 | 例 | |
|---|---|---|---|---|
| 動詞 | 辞書形（終止形）<br>基本形（現在形） | V | 1 | V＋や／や否や |
| | ない形 | Vない | 34 | Vない＋きらいがある |
| | ~~ない~~ | V~~ない~~ | 30 | V~~ない~~＋んばかりだ |
| | ます形 | V~~ます~~ | 38 | V~~ます~~＋ぶり |
| | て形 | Vて | 5 | Vて＋からというもの |
| | た形 | Vた | 44 | Vた＋ところで |
| | ている形 | Vている | 84 | Vている＋手前 |
| | ば形 | Vば | 64 | Vば＋きりがない |
| | 意向 | Vう・Vよう | 68 | Vう・Vよう＋と（も） |
| | 可能 | Vられる／れる | 158 | Vれない＋もの（だろう）か |
| | 受身 | Vられる／れる | 165 | ～がVられる |
| | 使役 | Vさせる／せる | 166 | ～にVさせられる |
| | 命令形 | V命令形 | | |

★普通形：上記の辞書形／ない形／た形
（食べる、食べない、食べた、食べなかった）

| 品詞 | 活用形 | 解説文中の表示 | 例 | |
|---|---|---|---|---|
| い形容詞 | 辞書形（終止形）<br>基本形（現在形） | A | 22<br>36 | A＋というか<br>A~~い~~＋びる／びて／びた |
| | ない形 | Aくない | 155 | Aくなく＋はない／もなく |
| | て形 | Aくて | 61 | Aくても＋差支えない |
| | た形 | Aかった | 172 | AかったらAで |
| | ば形 | Aければ | 72 | AければAで |

★普通形：上記の辞書形／ない形／た形
（大きい、大きくない、大きかった、大きくなかった）

| 品詞 | 活用形 | 解説文中の表示 | 例 | |
|---|---|---|---|---|
| な形容詞 | 辞書形（終止形） | ㋤Aだ | 162 | ㋤A（だ）+（という）ことにする |
| | | である | 109 | ㋤Aである + ごとく |
| | 基本形（現在形） | ㋤Aな | 140 | ㋤Aな + 限りだ |
| | 語幹 | ㋤A | 22 | ㋤A + というか |
| | ない形 | ㋤Aでない | 155 | ㋤Aでなく + はない／もなく |
| | て形 | ㋤Aで | 122 | ㋤Aで + こそあれ |
| | た形 | ㋤Aだった | | |
| | ば形 | ㋤Aなら | 172 | ㋤Aなら㋤Aで |

★普通形：上記の辞書形／ない形／た形
（親切だ、親切ではない、親切だった、親切ではなかった）

| 品詞 | 活用形 | 解説文中の表示 | 例 | |
|---|---|---|---|---|
| 名詞 | 辞書形（終止形） | Nだ　である | 109 | Nである + ごとく |
| | 基本形（現在形） | Nの | 24 | Nの + いかんを問わず |
| | 語幹 | N | 5 | N + というもの |
| | | N~~する~~ | 40 | N~~する~~ + がてら |
| | ない形 | Nでない | 132 | N + でなくてなんだろう |
| | て形 | Nで | | |
| | た形 | Nだった | | |
| | ば形 | Nなら | 172 | N／ならN／で |

★普通形：上記の辞書形／ない形／た形
（本だ、本ではない、本だった、本ではなかった）

よくわかる！日本語能力試験　N１合格テキスト　文法◎目次

[文型学習編]

## 第１章　時間関係の文型を覚えよう！



## 第２章　範囲・限定の文型などを覚えよう！



## 第３章　例示・列挙／関連・無関係の文型を覚えよう！

## 第4章　様子・付帯行動の文型を覚えよう！



## 第5章　逆説的条件の文型などを覚えよう！

## 第６章　直接的条件の文型などを覚えよう！



## 第７章　逆説的条件・目的の文型などを覚えよう！

## 第８章　理由・可能・不可能の文型を覚えよう！



## 第９章　話題・評価の基準の文型などを覚えよう！

## 第10章　強調の文型を覚えよう！



## 第11章　主張・断定の文型などを覚えよう！

## 第 12 章　心情の文型などを覚えよう！　Ⅰ



## 第 13 章　心情の文型などを覚えよう！　Ⅱ

## 第14章　根拠・受身・使役の文型などを覚えよう！



## 第15章　反復・推量の文型などを覚えよう！

# 文型学習編

# 第1章 時間関係の文型を覚えよう！

## 1　～や／～や否や　●●●（書）

**意味** ～とほとんど同時に（予想外、驚き）

**接続** V＋や／や否や

**例文** ・ダンスが始まるや否や、ショッピングモールの特設舞台の前に人が集まってきた。

・コンサートのチケット販売が始まるや否や、サイトのアクセスが殺到した。

**★** 「見る、着く、始まる、終わる、押す」など、動作が一瞬で終わる瞬間動詞につく。

**★★** 後半は、過去の事実を説明し、突然何かが起こったことを強調する。

**★★★** 後半に、「～たい、～よう、～てください」など、話者の希望・意向や依頼の文はこない。

**問題**

① 発音の特訓を（　　　）や否や、長音と促音を完璧に発音できるようになった。

a. している　　b. 始める　　c. 受けた

② マンションの非常ボタンを押すや否や、（　　　）。

a. すぐ警備員が飛んできた　b. もうすぐ警察官が来る　c. 警備員が確認してください

## 2　～が早いか　●●

**意味** ～するとすぐ（意外、驚き）

**接続** V・Vた＋が早いか

**例文** ・女の子は母親を見るが早いか、その胸に飛び込んだ。

・彼女は好きなデザインのカバンを見つけるが早いか、早速購入した。

**★** 「見る、着く、始まる、終わる、押す」など、動作が一瞬で終わる瞬間動詞につく。

**★★** 後半は、過去に起こったことを説明し、前半と後半の内容はほぼ同時発生する。

**★★★** 「～たい、～よう、～てください」など、話者の希望・意向や依頼の文はこない。

**問題**

① 自転車を盗もうとしていた男は警察官を（　　　）が早いか、逃げていった。

a. 見ると　　b. 見て　　c. 見る

② 新作の本を発売するが早いか、（　　　）。

a. 注文が殺到した　b. 早く買ってください　c. 二冊買ってほしい

## 3 ～なり

意味 ～と同時に、～たとたん（意外、予想外）

接続 V＋なり

例文 ・社長は事務室に入ってくるなり、いきなり大声を出して怒った。
・母親は留学先から戻ってきた娘を見るなり、抱きしめた。

★ 主語は主に3人称で、前後の主語は同じ。過去形の文が多い。

★★ 後半は、「抱きしめる、どなる、吐き出す、呼びつける、怒る」など、その状況では意外と思われる意志的動作を表す文がくる。

問題

①（　　　）、みんな海に向かって走り出した。

a. 波が高くなるなり　b. 助けてと叫ぶ声を聞くなり　c. 泳ごうとするなり

② 彼は友だちに会うなり、（　　　）。

a. 握手をした　b. 一発殴った　c. 笑顔になった

## 4 ～そばから　(—)

意味 ～をしてもすぐに次々と（繰り返す動作に効果がない）

接続 V・Vた＋そばから

例文 ・片付けているそばから、子犬が次々とリビングを散らかしている。
・祖父はパソコンの使い方を何度説明しても、教えるそばから忘れてしまう。

★ 前半のことをやっても効果がなく、後半は良くない内容が続く。

問題

① 私は説明を（　　　）そばから、忘れていく。

a. わかる　b. した　c. 聞いた

② 給料が入っても、入金されたそばから（　　　）。

a. いろいろな料金が引かれていく　b. お金が入る　c. ボーナスが入った

## 5 ～てからというもの（は）／～というもの

**意味** （だいぶ以前）～てからずっと（同じ状態が続く）

**接続** Vて＋からというもの／N＋というもの

**例文** ・国を出てからというもの、ホームシックは深まるばかりだ。

・有害物質を排出する工場が建ってからというもの、この町ではガン患者が増え続けている。

**＊** この＋時間N＋というもの（＝Nの間ずっと）この10年というもの

**★** 前半はある程度遠い過去の期間を表し、後半は変化後の状態の継続を表す。

**問題**

①（　　　）というもの、体が軽くなった。

a. 運動を始めてから　　b. 朝起きてから　　c. コーヒーを飲んでから

②この（　　　）というもの、試験勉強に励んでいる。

a. １時間　　b. ２週間　　c. 午後

## 6 ～（を）限りに、～限りで（参照 54 たら最後、79 をもって）

**意味** ～を最後に（やめる）、～で区切って

**接続** N＋を限りに

**例文** ・今日を限りに、夕方６時以降は食べないことにする。

・12月限りで、会社を辞めます。

**★** 時を表す「今日、今回、今月、本日、本年度」などの言葉につく。

**★★** 後半は「やめる、終わる、終了、引退、締め切る、否定表現「～ない」」などの言葉がくる。

**問題**

①（　　　）を限りに、長年勤めた会社を退職します。

a. 30年　　b. 今月末　　c. 来年

②明日を限りに、特別販売を（　　　）。

a. 始めます　　b. 計画いたします　　c. 終わらせていただきます。

## 7 ～を境に（して）

**意味** ～で区切って、～の後から（大きく変化する）

**接続** N＋を境に（して）

**例文**
・サラリーマンだった父は定年退職を境に、日本語ボランティア教室で日本語を教え始めた。
・日本への留学を境にして、世界を見る目が急に広がった。

**問題**

① 東京ではコロナの集団感染を（　　　）、外出自粛が始まった。
a. 抑制して　b. して　c. 境に

② 彼との交際を境に、（　　　）。
a. 外見を意識するようになった　b. ずっと愛している　c. 幸せです

## 比べよう 1 時間関係の文型「～や否や」「～が早いか」など

| | 文型 | 前半 | 後半（kw.＝キーワード） | 話、書、硬、(—) |
|---|---|---|---|---|
| 1 | ～や／～や否や | 瞬間動詞 | 希望や勧誘の文はこない<br>過去形 | (書) |
| 2 | ～が早いか | 瞬間動詞 | 希望や勧誘の文はこない<br>過去形 | |
| 3 | ～なり | 主語が3人称<br>前後同じ主語 | 過去形 | |
| 4 | ～そばから | 意志動詞 | kw. 次々に、また | (—) |
| 5 | ～てからというもの | 遠い過去の期間 | 状態の継続 | |
| 6 | ～を限りに | ～で区切って | kw. 終わる、辞める | |
| 79 | ～をもって | ～で区切って | kw. 終わる、引退、退職 | (硬) |
| 7 | ～を境に（して） | ～で区切って | 大きく変化する | |
| 54 | ～たら最後／～たが最後 | | 必ずひどい結果 | (—) |

## 8 ～を機に（して）／～を契機に

**意味** ～をきっかけに、～を機会に（動機）

**接続** N＋を機に（して）

**例文**
・引っ越しを機にして、以前からやりたかった断捨離をやっと始めた。
・日本での就職を契機に、これからの人生を真剣に考えて取り組もうと思う。

**★** 前半と後半は、異なる行為が述べられる。前向きな決意が込められることが多い。

**問題**

① 子供の誕生を（　　　）、夫は家事を分担することを決意した。

a. はじめて　　b. するや否や　　c. 契機に

② 彼女は結婚を機に、（　　　）。

a. 幸せである　　b. 退職した　　c. 子供を産んだ

## 9 ～を皮切りに（して）／～を皮切りとして

**意味** ～から始まって次々に

**接続** N＋を皮切りに（して）／を皮切りとして

**例文**
・この展示会は東京を皮切りに、全国4か所で順次開催されます。
・彼は浜松国際ピアノコンクールで入賞したのを皮切りに、次々に世界コンクールで数々の賞を受賞した。

**＊**「N＋を皮切りに」＝「N＋を振り出しに」

**★** 前半は、物事が行われる具体的な場所や出来事などから始まる。

**★★** 後半は、「次々に、いろいろ、いくつもの、あちこち、みんな、世界、全国」などの言葉と一緒に使い、その行動や出来事の範囲が広がっていく意味の文がくる。

**問題**

① 合唱団は地区大会で優勝したの（　　　）、県大会、そして全国大会へと進んでいった。

a. を皮切りに　　b. をはじめ　　c. を早いか

② この作家は恋愛小説を得意としていたが、ミステリー小説を書いたのを皮切りに、（　　　）。

a. 作家と結婚した　b. いろいろ旅した　c. SFや随筆などジャンルを広げていった

## 10 ～というところだ／～といったところだ ●●

**意味** だいたい～ぐらいだ。（そんなに多くない）

**接続** N＋というところだ／といったところだ

V＋というところだ／といったところだ

**例文** ・海辺での散策時間は毎日1時間というところだ。

・久保田さんのマンションは駅からせいぜい徒歩10分というところです。

**★** 小さい、少ない数字につく。

**★★** 「せいぜい」などと一緒に使い、「そんなに多くない、大したことではない」ことを表す。

**問題**

① 私の食事時間は長くても（　　　）といったところです。

a. 10分　　b. 50分　　c. 2時間

② 母親の還暦をお祝いしたいのですが、せいぜい（　　　）といったところでしょうか。

a. ホテルで盛大に祝う　b. 1週間かけて準備する　c. 1泊の温泉旅行をする

## 11 ～に至るまで ●●●（硬）

**意味** ～までのすべての範囲で（意外、驚き）

**接続** N＋に至るまで

**例文** ・突然の雨で頭のてっぺんから足の先に至るまで、ずぶ濡れだ。

・感染経路を追跡するために、人間からコウモリに至るまで、徹底的に調べた。

・彼女は花嫁修業のおかげで、料理はもちろん、裁縫から生け花に至るまでプロ級である。

**★** 普通はあまり取り上げられない意外なことを表す言葉につく。

**★★** 「Nはもちろん＋Nに至るまで」の形で「範囲の広がり」を強調する。

**★★★** 「Nから＋Nに至るまで」の形で、前後の名詞は同じカテゴリーの中の「全く別の種類」の例を出す。

問題

① 母親は私の化粧の仕方から、付き合っている人（　　　）干渉してくる。

a. をまで　　b. に至るまで　　c. をもって

② ダイエット中の八代さんはランチのメニューはもちろん、（　　　）に至るまでチェックする。

a. カロリー　　b. 値段　　c. 洋食か和食

## 12 ～をおいて

意味 ～のほかに素晴らしいものはない（一番だ）

接続 N＋をおいて

例文 ・これだけ芸術的な建築物を見られる場所は、ローマをおいてほかにない。

・この歌舞伎の人物を繊細かつ大胆に演じられる役者は、彼をおいてほかにいない。

＊ 「何をおいても」＝「どんな物事にも優先させて」「まず第一に」

例：災難の時は、何をおいても、まず家族の安否を確認したいものだ。

★ 話者が高く評価しているもの（人物や場所など）につき、後半は否定表現「～ない」などの言葉がくる。

問題

① こんなに夜景がロマンチックで美しい場所はここをおいて（　　　）。

a. 極まりない　　b. ほかにない　　c. ほかならない

② いつも私の話に耳を傾け、分かってくれる人は、（　　　）をおいてほかにいない。

a. 奥山さん　　b. 会員　　c. 女性

## 13 ～ならでは

**意味** ～だけがそのような、～だからこそ（素晴らしい）

**接続** N＋ならでは

N＋ならではの＋N

N＋ならではだ

**例文** ・この音響は、このホールならではだと思う。

・この素晴らしい夜景は横浜ならではのものです。

**★** 話者が高く評価しているもの（人物や場所など）につく。

**問題**

① （　　　）ならではのバラなら、見に行かなければ損だと思う。

a. 私の家　　b. イングリッシュガーデン　　c. 美術館

② うちのギョーザはお母さんの手作りならではの味だ。いつ食べても（　　　）。

a. 甘い　　b. 世界一美味しい　　c. 辛いばかりだ

## 14 ～にとどまらず

**意味** ～だけでなく（～の範囲に収まらず）

**接続** N／V＋にとどまらず

**例文** ・彼は歌手活動にとどまらず、歌番組の MC までしている。

・この仕事は報酬を得るにとどまらず、私に生きがいをも与えている。

**★** 限られた範囲やある現象を表す言葉につき、後半はより広い範囲を表す文がくる。

**★★** 範囲の広がりを強調して、「～も／～まで」がつくこともある。

**問題**

① 今マスクは（　　　）での生産にとどまらず、多くの人が手作りしている。

a. 薬局　　b. 工場　　c. 病院

② このアニメは日本国内にとどまらず、（　　　）愛されています。

a. 世界的に　　b. 沖縄でも　　c. 我が家でも

# 第2章 範囲・限定の文型などを覚えよう！

## 15 ～はおろか（一）

**意味** ～はもちろん（後半がもっとひどい状態、驚きや不満の気持ち）

**接続** N（助詞）＋はおろか

**例文** ・祖母はお風呂で転んでしまい、歩くことはおろか、立つこともできない。
・留学当時は遊ぶお金はおろか、毎日の食費もギリギリだった。

**★** 後半は、程度がひどいもの、驚きが大きいものや最低限の比較対象がくる。

**★★** 後半に「～も、～すら、～さえ、～まで」などと一緒に使い、「～ない」など否定的内容がくる。

**問題**

① （　　　）はおろか、インスタントラーメンさえ作れない。

a. 目玉焼き　　b. 手の込んだ料理　　c. 肉じゃが

② 来日10年の私だが、英語はおろか、（　　　）もまともに話せない。

a. フランス語　　b. 日本語　　c. 中国語

## 16 ～もさることながら　（硬）

**意味** ～もそうだが（後半をさらに強調）

**接続** N＋もさることながら

**例文** ・この町は交通の利便性もさることながら、海や山が近くて子育てには最適である。
・彼女は洗練された外見もさることながら、その温かい人柄でも愛されている。

**★** 二つ以上の事柄を述べる言い方。

**★★** 後半に「N＋も」の形で、さらに強調することもある。

**問題**

① パリは伝統ある建物（　　　）、計算された街づくりが素晴らしい。

a. もさることながら　　b. はいざしらず　　c. はおろか

② 日本ではマナーを守ることもさることながら、（　　　）ことが重要視される。

a. 割り勘をする　　b. あいさつをする　　c. プライバシーを守る

第2章

## 比べよう 2 範囲・限定の文型「～を皮切りに」「～というところだ」など

| | 文型 | 前半 | 後半（kw.＝キーワード） | 話、書、硬、(—) |
|---|---|---|---|---|
| 9 | ～を皮切りに | 具体的な一例 | kw. 次々に、あちこち、みんな | |
| 10 | ～というところだ | | kw. せいぜい＋小さい数字 | |
| 11 | ～に至るまで | ～はもちろん、～から | （範囲の広がり） | （硬） |
| 12 | ～をおいて | （～が最高だ） | kw. ない | |
| 14 | ～にとどまらず | | kw. 一年中、世界中、も、まで | |
| 15 | ～はおろか | | kw. も、さえ、まで | （—） |

# 第3章 例示・列挙／関連・無関係の文型を覚えよう!

## 17 ～なり～なり／～なりとも

**意味** でもいいし、でもいいから（何でもよい）

**接続** V＋なり＋V＋なり

N＋なり＋N＋なり

N／V＋なりとも

**例文** ・分からないことがあれば、ネットで調べるなり、上司に聞くなりしてください。

・電話なり、メールなり連絡してください。

**✻** 電話なりなんなりと、人にあげるなりなんなりと、薬を飲むなりなんなり

**✻** 何なりとお申し付けくださいませ。煮るなり焼くなり（好きにして）

**★** 同じ意味のグループの例を並べる。

**★★** 後半に過去の文はこない。

**★★★** 文末には「～たらどうですか、～ほうがいい、～てください」など、提案の表現がよくくる。

**問題**

① 外は寒いから（　　　）なりマフラーなり持って行った方がいいですよ。

a. コーヒー　　b. 上着　　c. 敷物

② 要らないなら、人にあげるなり（　　　）なりご自由になさってください。

a. 見る　　b. 買う　　c. 売る

## 18 ～であれ、～であれ／～であろうと、～であろうと

**意味** ～でも～でも（関係なく）

**接続** N＋であれ、N＋であれ

N＋であろうと、N＋であろうと

**例文** ・勉強であれ、部活であれ、本気を出して取り組むことが必要だ。

・執行猶予付であろうと、懲役刑であろうと、前科者になるのは変わらない。

**★** 同じ意味のグループの例を並べる。

**問題**

① 音楽であれ（　　　）であれ、芸術には才能も必要だが、努力はもっと必要だ。

a. 美術　　b. 数学　　c. 外国語

② 社員であろうと（　　　）であろうと、会社にとって大切な人材であることにはちがいない。

a. 顧客　　b. 社長　　c. バイト

## 19 ～だの～だの（話）

**意味** ～や～や、～とか～とか

**接続** N／V・Vた／A／㊤A普通形 ＋だの

**例文** ・マーク君は漢字が難しいだの、書けないだの、文句ばかり言っている。

・高校のマラソン大会で、足か痛いだの、頭痛がするだのと言って、生徒はよく休んだ。

**★** 複数の例を挙げて言う。

**★★** 話し手の非難や不満の気持ちが含まれることもある。

**問題**

① 部活から帰ってきた息子は（　　　）だの、疲れただのと言ってソファーに倒れ込んだ。

a. 唐揚げがいい　　b. お腹が空いた　　c. 楽しかった

② キャンプに行くため、肉だの、（　　　）たくさん買い物をした。

a. 野菜だの　　b. シートだの　　c. 炭も

# 第3章 例示・列挙／関連・無関係の文型を覚えよう!

## 20 ～といい、～といい

**意味** ～を見ても、～を見ても（両方同じようだ）

**接続** N＋といい

**例文** ・ここのメンバーは田中さんといい、今関さんといい、個性豊かな人ばかりである。

・Twitter といい、Facebook といい、ＳＮＳ上ではみんな言いたい放題だ。

**★** 同じカテゴリーの中の二つを取り上げて強調する。

**問題**

① 赤ちゃんは顔といい（　　　）、可愛いくてしょうがない。

a. 手さえ　　b. 手も　　c. 手といい

② 今の若者のコミュニケーションは、インスタグラムといい（　　）対面よりもっぱらＳＮＳ上で行われる。

a. 修正して　　b. フェイスブックといい　　c. フェイスブックにも

## 21 ～といわず、～といわず

**意味** ～も～も（～の区別なく、全部、みんな）

**接続** N＋といわず

**例文** ・祖父は平日といわず、週末といわず、ボランティア活動に精を出している。

・仕事といわず、趣味といわず、やると決めたら、必ずやる。

**★** 同じ意味のグループの例を並べる。

**★★** 「～てください」など依頼の文はこない。

**問題**

① 電車の中で（　　　）といわず、大人といわず、みんな携帯を見ている。

a. 会社員　　b. 生徒　　c. 子供

② ベジタリアンは鶏肉といわず、（　　　）、いかなる肉も食べません。

a. 牛肉といわず　　b. 牛肉も　　c. 豚肉すら

## 22 ～というか、～というか

**意味** ～とも言えるし、～とも言える

**接続** N／A／ナA＋というか

**例文** ・息子が自立して家を出たことは、嬉しいというか寂しいというか、複雑な心境です。
・あんな行動を取るなんて、無謀というか無知というか、到底私には理解できない。

**問題**

① 教員免許試験を友人と一緒に受験したが、私だけが合格した。
嬉しいというか（　　　）というか複雑な気持ちだ。
a. 良かった　　b. 残念　　c. 安心

② 彼は純粋というか（　　　）というか、その無茶な生き方にはいつも驚かされる。
a. 無邪気　　b. 賢い　　c. 計算高い

## 23 ～いかん（如何）だ／～いかんでは

**意味** ～次第だ（～によって変わる、決まる）

**接続** N＋いかんだ

**例文** ・東京オリンピックが開催できるかどうかは、コロナの対策いかんだ。
・その国の社会情勢いかんでは、海外旅行が中止になるかもしれません。

★「N＋いかんでは」の後は、可能性を予測する「～かもしれない、～だろう」などがよくくる。

**問題**

① 今期の講座は申込者数（　　　）、休講になるかもしれません。
a. いかんでは　　b. 有無によって　　c. はおろか

② 前年度の（　　　）いかんで、今年の税金の金額が決まる。
a. 仕事　　b. 日数　　c. 年収額

## 24 ～いかんにかかわらず／～によらず／～を問わず (硬)

**意味** 関係なく（影響なく）

**接続** N（の）＋いかんにかかわらず／いかんによらず

Nの＋いかんを問わず

**例文**
- 理由いかんにかかわらず、全員このイベントにご参加ください。
- このような状況ですので、目的のいかんによらず、海外渡航は自粛しましょう。

**問題**

① 準備した（　　　）いかんにかかわらず、みんな前に出て発表してください。

a. 受講生　　b. 内容　　c. 時間

② 試験の結果（　　　）、卒業式には全員参加してください。

a. いかんを問わず　　b. をみて　　c. によって

## 25 ～をものともせず（に）

**意味** （大きな障害）を乗り越えて、～を問題にもしないで（強気に向かう）

**接続** N＋をものともせず（に）

**例文**
- ベートーヴェンは聴力喪失をものともせずに、あの素晴らしい作品を作曲した。
- 警察犬は危険をものともせず、急流の川に飛び込んだ。

**★** 人などを褒める時に使う。自分のことには使えない。

**★★** 後半に驚くべきことが述べられることが多い。

**問題**

① 二人は家族の反対（　　　）、結ばれた。

a. をものともせず　　b. でも　　c. でありながら

② 彼は病魔をものともせず、（　　　）。

a. 通院した　　b. 薬を欠かさず飲んだ　　c. 仕事に励んだ

## 26 ～をよそに

意味 ～を少しも気にしないで（感嘆やあきれた気持ち）

接続 N＋をよそに

例文 ・家族の心配をよそに、彼女は一人で世界一周の旅に出かけた。

・無理しないようにという医者のアドバイスをよそに、毎日ジムに通っている。

★ 前半は自分のことには使わない。

★★「心配、期待、批判など」感情や評価を表す言葉につく。

問題

① 彼女は周囲の人たちの心配（　　　）、エベレスト初登頂に挑んだ。

a. をあおり　b. をよそに　c. を感じて

② 親の（　　　）をよそに、自分の好きな道へ進んだ。

a. 推薦　b. 愛情　c. 期待

## 27 ～ならいざしらず／～はいざしらず (硬)

意味 ～ならそうかもしれないが（不満やあきれた気持ち）

接続 V／A普通形(の) ＋ならいざしらず

N＋ならいざしらず

Nなの／㋤Aなの＋ならいざしらず

例文 ・30年前ならいざしらず、現代はスマホなしの生活は考えられない。

・仕事に行くならいざしらず、コンビニへ行くのにお洒落をする必要があるでしょうか。

★ 極端な例の前半と比べると、後半は「全く状況や結果が違う」ということを表す。

問題

①（　　　）ならいざしらず、大の大人がいまだに親のすねをかじるなんて。

a. 家族　b. 子供　c. 親戚

② 裏山ならいざしらず、富士山へ行くのに（　　　）のか。

a. 登山靴も履かない　b. お弁当もない　c. 傘も持たない

## 28 ～によらず

**意味** ～には関係なく

**接続** N＋によらず

**例文**
・失業率が高いこのご時世なので、<u>職種によらず</u>、何でも頑張ります。（＝職種を問わず）
・このテキストは、<u>レベルによらず</u>学習でき、どこからでも始められます。（＝レベルを問わず）

**問題**

① （　　　）によらず、誰でも応募できます。

a. 場所　　b. 時間　　c. 年齢

② このレストランは見かけによらず、とても（　　　）。

a. おいしい　　b. 遠い　　c. サービスがわるい

## 比べよう 3 関連・無関係の文型「～によらず」「～を問わず」など

| | 文型 | 前半 | 後半（kw.＝キーワード） | 話、書、硬、(―) |
|---|---|---|---|---|
| 28 | ～によらず<br>よ（依／依／因／拠）る | どんな～でもみな<br>幅広い意味の言葉。 | ◎ 年齢によらず<br>◎ 年齢を問わず<br>◎ 年齢にかかわらず<br>◎ レベルによらず<br>◎ レベルを問わず | |
| | （N2）<br>～を問わず | ～を問題にせず<br>～に関係なく一様に<br>「男女、内外、前後、公私」など反対語の組み合わせによく使われる。 | ◎ 昼夜を問わず<br>◎ 男女を問わず募集 | × 昼夜によらず<br>× 昼夜に限らず<br>× 昼夜にかかわらず<br>× 男女にかかわらず募集 |
| | （N2）<br>～に関わらず | ～かどうかに関係なく<br>「国籍、金額、大きさ」など幅広い意味の言葉や対立する言葉につく。<br>★ 人間の力でできない | ◎ 距離に関わらず<br>◎ 性別に関わらず<br>◎ 晴雨にかかわらず<br>◎ 生まれてくる子は男女にかかわらず可愛い | × 晴雨によらず<br>× 晴雨を問わず |
| | （N2）<br>～に限らず | 限定せず（広く）<br>一部だけでなく全体に | ◎ 肉に限らず動物性たんぱく質は一切食べない | × 肉によらず<br>× 肉を問わず |

# 第4章 様子・付帯行動の文型を覚えよう！

## 29 ～と相まって（硬）

**意味** ～と一緒になって（より効果的）

**接続** N＋と相まって

N とN＋が相まって

**例文** ・モンサンミッシェルは朝の霧と相まって、不思議な雰囲気を醸し出していた。

・努力と運が相まって、彼女はどんどん出世していった。

**★** 一緒になることでより効果が高まることを表す。

**問題**

①（　　　）と人柄が相まって、彼女は誰からも愛されている。

a. 父　　b. 家柄　　c. お金

② この帽子はデザインのよさも相まって、（　　　）。

a. よく売れている　　b. 大きさもちょうどいい　　c. 色もいい

## 30 ～んばかりだ

**意味** まるで～しそうだ

**接続** V~~ない~~＋んばかりだ

**例文** ・ピアノ演奏が終わるや否や、割れんばかりの拍手が起こった。

・会社の取締役は被害者の遺族に頭を畳にこすりつけんばかりに、謝罪した。

**＊** ～と言わんばかりの表情、腹がはちきれんばかりに食べた、駆け出さんばかりに、胸が張り裂けんばかりに、泣き出さんばかりに

**★** する→せん

**問題**

① 恋人を見つけると、（　　　）笑顔で手招きした。

a. 少し　　b. あふれんばかりの　　c. 早く

② 息子の戦死の知らせを聞いて、母親は（　　　）に嘆き悲しんだ。

a. 胸が張り裂けんばかり　　b. 割れんばかり　　c. 言わんばかり

## 31 ～とばかりに

意味 いかにも～というような様子で

接続 発話文＋とばかりに

例文 ・ピザが届いたら、「待ってました」とばかりに、息子たちが部屋から飛んできた。
・夫の行動に、妻はもうこれ以上我慢できないとばかりに文句を言い始めた。

＊ この時とばかりに

★ 「～と言わんばかりに」の省略形

★★ 「表情、様子、調子、態度、語調、口調、顔、目つき」などを表す言葉につく。

問題

① クリスマスプレゼントをもらい、その子は（　　　）飛び上がった。

a. ジャンプして　　b. 高く　　c. 「やった」とばかりに

② 授業中、彼はさっぱり分からない（　　　）に寝てしまった。

a. から　　b. とばかり　　c. せい

## 32 ～ともなく／～ともなしに

意味 特に～というのではなく（はっきり意識しないまま、はっきり特定できないが）

接続 V＋ともなく／ともなしに
疑問詞（＋助詞）＋ともなく／ともなしに

例文 ・ニュースを聞くともなく聞いていたら、同級生がインタビューに答えていて驚いた。
・山歩きの途中、どこからともなくウグイスの鳴き声が聞こえてきた。

＊ どこへ行くともなしに、いつからともなく、どこからともなく

★ 「行く、見る、聞く、待つ」など限られた意志動詞につく。

★★ 同じ動詞を繰り返すことが多い。

問題

①（　　　）ともなく、気が付けばその人を愛してしまっていた。

a. 昔から　　b. 去年から　　c. いつから

②（　　　）からともなく、おいしそうな肉じゃがの匂いがしてきた。

a. どこ　　b. 台所　　c. いつ

# 第４章　様子・付帯行動の文型を覚えよう！

## 33　～ながらに（して）

**意味**　～のまま（変わらず）

**接続**　N／V~~ます~~＋ながらに（して）

N＋ながらの＋N

**例文**　・画像通話のおかげで、<u>海外にいながらにして</u>家族の顔を見ながら会話ができる。

・川越は<u>昔ながらの雰囲気</u>が残っていて懐かしい感じがする。

**＊**　涙ながらに（＝泣きながら）、いつもながら

**＊**　生まれながらにして（＝生まれつき）、家にいながらにして、子供ながらにして

**★**　そのまま変化しないで続く状態を表す。慣用表現になっているものが多い。

**問題**

①あの独特なファッション感覚は（　　　）持っているものかもしれない。

a. 初めから　　b. 生まれながらにして　　c. 学びながらに

②涙（　　　）歩く一人ぼっちの夜。

a. とばかりに　　b. ながらに　　c. だけに

## 34　～きら（嫌）いがある　（硬）（―）

**意味**　～という良くない傾向がある（批判的）

**接続**　V・Vない＋きらいがある

Nの＋きらいがある

**例文**　・最近の若者はどうも<u>自己中心的に考えるきらいがある</u>。

・彼女は物事を<u>否定的に考えすぎるきらいがある</u>。

**★**　断定しない言い方の「どうも、少し、ともすれば」などと一緒に使うことが多い。

**★★**「きらいがある」の前は「～すぎる／～に欠ける」などの表現がよくくる。

**問題**

① 遠回しにものを言う（　　　）があるのは、日本人だけだろうか。

a. きらい　　b. すき　　c. どうでもいい

② 行事の進行係を務める夫は、家でもスケジュールを分単位で細かく（　　　）きらいがある。

a. 決めない　　b. 決めた　　c. 決める

## 35 ～めく／～めいて／～めいた

**意味** ～らしい（～のような様子、感じ）

**接続** N＋めく／めいて／めいた

**例文** ・ようやく春めいてきて、身も心もわくわくしています。

・脅迫めいたメールを送り付けられ、怖くてどこにも出られなくなった。

**＊** 皮肉めいた言葉、秘密めいた手紙、謎めいた雰囲気

**★** 「春、謎、冗談、皮肉、説教」など、特定の単語にのみにつく。

**問題**

① 皮肉（　　　）言葉に、腸が煮えくり返る思いだった。

a. めく　　b. めいて　　c. めいた

② （　　　）めいてきたので、花模様のブラウスを出しておいた。

a. 春　　b. 秘密　　c. 桜

## 36 ～びる／～びて／～びた

**意味** ～ぽく感じる、ように感じる

**接続** N／A~~い~~＋びる／びて／びた

**例文** ・娘は財布の中に母親の古びた写真を大事にしまってある。

・彼は悪びれる様子もなく、お金を貸してくれと頼んできた。（「悪びれる」で自動詞）

**＊** 大人びた子供、古びた手紙、田舎びた町

**問題**

① その子は年の割には、結構（　　　）子供だった。

a. 古びた　　b. 大人びた　　c. かわいい

② 荷物の整理をしていたら若き日の（　　　）が出てきて、しばらく思いにふけった。

a. 古びたラブレター　　b. 古い洋服　　c. 古かった眼鏡

## 37 ～ぶる／～ぶって／～ぶった

**意味** （本当はそうではないのに）～のように振る舞う

**接続** N＋ぶる／ぶって／ぶった

㋤A＋ぶる／ぶって／ぶった

**例文**
・先輩は金持ちぶっているが、実は借金まみれで首が回らないらしい。
・彼女は学者ぶった言い方をよくするが、強い劣等感ゆえのことだろう。

**＊** 可愛い子ぶる、先輩ぶる、もったいぶる

**＊** もったいぶる（勿体ぶる）＝いかにも重い雰囲気を出すこと、ものものしく振る舞うこと

**問題**

①（　　　）ないで、早く話して。

a. もったいなくし　　b. もったい　　c. もったいぶら

② 悪ぶっているけど、本当はとても（　　　）人なんです。

a. 優しい　　b. 好きな　　c. 悪い

## 38 ～ぶり／～っぷり

**意味** ～の様子

**接続** N／V~~ます~~＋ぶり／ぶり

V~~ます~~＋っぷり

**例文**
・先輩の仕事ぶりをみて、一つ一つそのコツを覚えました。
・サッカー選手の海外での活躍ぶりから、私は勇気と生きる力をもらう。

**＊** 話しぶり、慌てぶり、飲みっぷり、走りっぷり

**問題**

① 一気に飲み干す彼の（　　　）、みんな驚いてしまった。

a. 飲みに　　b. 飲みっぷりに　　c. 飲みぶり

② 倒産に追い込まれた彼の（　　　）ぶりといったらなかった。。

a. 慌てる　　b. 慌てて　　c. 慌て

## 39 ～よう（様）

**意味**（～その様子に）

**接続** V~~ます~~＋よう

**例文**
・彼女は恋に落ちた。その後の彼女の服装や言動の変りようには驚いた。（＝変わった様子）
・司法試験に合格したという息子の電話を受けた時の、父の喜びようといったらなかった。（＝父の喜んでいる様子）

**＊** 物は考えようだ

**＊** 悲しみよう、怒りよう、驚きよう、喜びよう、変わりよう、やりよう、混みよう

**★**「悲しむ、怒る、驚く、喜ぶ」など、「感情」を表す自動詞や、「変わる」など、「状態」を表す自動詞につく。

**★★**「V~~ます~~＋よう＋（といっ）たらない」の形で強調する。

**問題**

① 物は（　　　）ようだと言うが、そう簡単にはいかない。

a. 考える　　b. 考えて　　c. 考え

② 度が過ぎる子供の可愛がり（　　　）は、子供にも親にも良くない。

a. よう　　b. こと　　c. ぶり

# 第4章 様子・付帯行動の文型を覚えよう！

## 40 ～がてら

**意味** ～のついでに

**接続** N~~する~~／V~~ます~~＋がてら

**例文**
・散歩がてら、図書館に本を返しに行きます。
・子供のお迎えに行きがてら、一緒に買い物も済ませます。

**★** 主に「散歩、買い物、運動、帰省、行く、訪問する」など、「移動」を表す言葉につく。

**問題**

① （　　　）がてら、今関さんの家に遊びに行きましょう。

a. 散歩に行く　　b. 花見をし　　c. 花を買う

② 散歩（　　　）、うちに来てくださいね。

a. がてら　　b. しますから　　c. より

## 41 ～かたがた

**意味** ～のついでに、～を兼ねて（お礼や報告）

**接続** N~~する~~＋かたがた

**例文**
・見学かたがた、大学の説明会に行ってみた。
・お詫びかたがた、一度お伺いしたいのですが。

**＊** お見舞いかたがた、お詫びかたがた、散歩かたがた

**★** 後半には「行く、伺う、訪ねる」など、「移動」を表す動詞につく。

**★★** 聞き手への敬意を表す。手紙や話し言葉で使うこともある。

**★★★** 「V~~ます~~」の後には使えないので、気をつけよう。

**問題**

① お見舞いかたがた、（　　　）。

a. お訪ねしたいのですが　　b. 花を買います　　c. 何時頃がいいですか

② （　　　）かたがた、お伺いします。

a. お詫びする　　b. お詫び　　c. お詫びの

## 42 〜かたわら

**意味** 仕事の他に（別の活動もしている）

**接続** Nの／V＋かたわら

**例文** ・彼は会社勤務のかたわら、地域のソフトボールチームで監督として指導している。
・彼女は通訳の仕事のかたわら、外国人の子供たちに日本語を教えている。

**問題**

① 彼女は育児の（　　　）、大学院で研究をしている。

a. ついでに　　b. しながら　　c. かたわら

② その弁護士は（　　　）のかたわら、無料で外国籍の県民からの法律相談に乗っている。

a. ボランティア活動　　b. 仕事　　c. 接見

### 比べよう 4　付帯行動の文型「〜がてら」と「〜かたがた」

| | 文型 | 前半 | 後半（kw.＝キーワード） | 話、書、硬、(一) |
|---|---|---|---|---|
| 40 | 〜がてら | ◎ 散歩がてら<br>◎ 行きがてら | 「移動」を表す動詞 | (話) |
| 41 | 〜かたがた | ◎ 散歩かたがた<br>× 行きかたがた | 「移動」を表す動詞 | (話)、手紙、お礼や報告 |

# 第5章 逆説的条件の文型などを覚えよう！

## 43 ～ところを ●●● (硬)

**意味** 状況なのに（お詫びや感謝の気持ち）

**接続** V／A普通形 ＋ところを

Nの／㋤Aな＋ところを

**例文** ・お休みのところを、お邪魔してすみませんが。

・すぐにお詫びの電話を差し上げるべきところを、遅くなってしまい申し訳ございません。

**★** 当然を表す「～べき、～しなければいけない」の後につくことが多い。

**問題**

① 私が一人でやらなければならないところを、手伝っていただき（　　　）。

a. いいですか　　b. よいですね　　c. ありがとうございます

② （　　　）ところを、わざわざおいでいただき、ありがとうございます。

a. 忙しかった　　b. お忙しい　　c. 忙しく

## 44 ～たところで ●●● (—)

**意味** たとえ～しても（無駄だ、無意味だ）

**接続** Vた＋ところで

**例文** ・どんなに腹を割って話したところで、お互いに完全に理解し合えることはない。

・今さら友人関係を修復したところで、以前のような関係には戻れない。

**★** 「どうせ、たとえ、いくら、どんなに、今さら」などと一緒に使い、後半は「悪い結果・状態」を表す否定表現「～ない」がくる。

**★★** 過去形の文はこない。

**★★★** 「Vた＋ところで」は「Vた＋としたところで」と入れ替えることができる。

**問題**

① いくら歩いたところで（　　　）。

a. やせたい　　b. 10kg もやせるはずがない　　c. やせてきた

② この本はいくら読んだ（　　　）さっぱり分からない。

a. ところ　　b. ところを　　c. ところで

## 45 ～としたところで／～としたって (一)

意味 たとえ～としても（できない）

接続 V／A／㋤A／N普通形 ＋としたところで

V／A／㋤A／N普通形 ＋としたって

例文
・この惨劇は忘れようとしたところで、忘れられない出来事だ。
・上司がいくら親切だとしたって、保証人を頼めるわけがないだろう。（＝親切だとしたところで）
・たとえ宝くじに当たったとしたところで、私はクルーズ旅行には絶対行かなかっただろう。

★「～ようとしたところで」の形になることが多い。

★★「～としたって」は会話体。後半に否定表現「～ない」がくる。

★★★「N＋としたところで」＝「N＋にしたところで」

問題

① 今から急いだとしたって（　　　）。

a. 間に合うだろう　b. 間に合うだろうか　c. 間に合わないだろう

② どんなに父にお酒をやめさせようとした（　　　）、無駄だよ。

a. ところで　b. ところ　c. ところを

第5章

## 比べよう５　逆接の文型「～たところで」と「～としたところで」

| | 文型 | 前半 | 後半（kw.＝キーワード） | 話、書、硬、(—) |
|---|---|---|---|---|
| 44 | ～たところで | kw.「いくら、どんなに、今さら」<br>品詞に注目！ | ～ない<br>過去形の文はこない<br>動詞は「～としたところで」と入れ替えできる | (—) |
| 45 | ～としたところで | 実現する可能性が低い | ～ない<br>動詞は「～たところで」と入れ替えできる | (—) |
| 45 | 「～ようとしたところで」の形 | 意向を表す「よう」＋「としたところで」 | 動詞は「～たところで」と入れ替えできない | (—) |

## 46 ～ものを

**意味** ～すれば良かったのに（実際はそうではなかったために不満や残念な気持ち）

**接続** V／A普通形 ＋ものを

㋤Aな＋ものを

**例文** ・黙っていればよかったものを、知ったかぶりをして困った人だね。

・電話してくれれば、車で迎えに行ったものを。

**★** 条件の「～ば／なら＋～ものを」の形でよく使われる。

**★★** 「～ものを」で文が終わることもある。

**問題**

① 一言相談してくれればいい（　　　）、一人で抱え込んで辛い思いをしたね。

a. ものの　　b. のか　　c. ものを

② 疲れているなら、家で休めばよかった（　　　）。

a. ものだ　　b. ものを　　c. ものの

## 47 ～との（硬）

**意味** ～という

**接続** 文＋との＋N（話、依頼、提案など）

**例文** ・課長は電車の人身事故で会議に1時間遅れるとの連絡がありました。

・体調を崩した原因は過剰なダイエットとのことです。

**★** 文＋とのことだ＝～だそうだ

**問題**

① カニと言えば北海道のタラバガニが一番（　　　）ことです。

a. との　　b. である　　c. だ

② 結婚はしても後悔、しなくても後悔との（　　　）は実体験からくるものです。

a. アドバイス　　b. 夫婦　　c. 経験

# 第５章 逆説的条件の文型などを覚えよう！

## 48 ～とは

**意味** ～なんて（ひどい、すごい、予想外のことへの驚きや感嘆の気持ち）

**接続** N／㋤A＋とは

V／A／㋤A／N普通形 ＋とは

**例文** ・ここの人はみんな3か国語も話せるとは、驚きだ。

・地下宮殿が見たくてイスタンブールまで行ったのに、補修工事中とは…。

**★** 「とは」の後ろを省略することもある。

**★★** ふつう自分のことには使わない。

**問題**

① 紅ズワイガニが食べ放題（　　　）、行かなくちゃ。

a. との　　b. とは　　c. から

② 海釣り船は雨でも雪でも出るとは、（　　　）。

a. 驚きです　　b. 乗ります　　c. 釣りをしたいです

## 49 ～とはいえ

**意味** ～だが、それでも

**接続** N／㋤A＋とはいえ

V／A／㋤A／N普通形 ＋とはいえ

**例文** ・教師とはいえ、何でも知っているわけではない。

・事情を知らなかったとはいえ、そのような言動は控えた方がいい。

**問題**

①（　　　）あの店は思ったより商売繁盛している。

a. 不景気だけに　　b. 不景気で　　c. 不景気とはいえ

② 語学力が伸びたとはいえ、日本人と間違えるほど（　　　）。

a. でもない　　b. である　　c. 上手だ

## 50 ～といえども （硬）

意味 ～でも

接続 N／㊔A＋といえども

V／A／㊔A／N普通形 ＋といえども

例文 ・認識の違いがあったといえども、むやみに批判をしてはならない。

・旅行客といえども、その国のマナーは守るべきだ。

＊ 当たらずといえども遠からず＝「ぴったり当たっていなくても、それほど見当が外れていない様子」（デジタル大辞泉）

★ 「たとえ、いかに、どんな」などと一緒に使い、後半は主に話者の「主張、義務、覚悟」を表す文がくる。

問題

① 数学の天才と（　　　）、あれだけ長い計算を暗算ですることはできない。

a. いうから　　b. いわず　　c. いえども

② 親子といえども、（　　　）。

a. 愛している　　b. 言えないこともある　　c. わかり合える

## 51 ～と思いきや

意味 ～と思ったが（そうでもなかった、驚きや意外）

接続 V／A／㊔A／N普通形 ＋と思いきや

例文 ・感染が落ち着き国へ帰れると思いきや、またクラスター（集団感染）が発生した。

・やっと肩の荷が下りたと思いきや、新企画の構想を頼まれた。

問題

① 大統領は圧倒的な支持で当選した（　　　）、不正疑惑などで支持率はたちまち落ちてしまった。

a. と思っても　　b. と思いきや　　c. と思いつつ

② 今日は暑いと思いきや、（　　　）。

a. 暖かった　　b. 風が吹いた　　c. そうでもなかった

第5章

## 52 ～ながら（も）

**意味** ～けれども

**接続** N／A／㋨A／Vます ＋ながら（も）

**例文**
・勝手ながら、8月20日から27日までお休みとさせていただきます。
・彼は納得が行かず首を傾げながらも、その依頼を受けてしまった。

**＊** 恥ずかしながら、残念ながら、今さらながら、及ばずながら、敵ながらあっぱれ（＝敵ではあるが、すばらしいと認めざるを得ない）

**問題**

① 狭い（　　　）我が家が一番だ。

a. ながらも　　b. のに　　c. から

② 彼女は小柄でありながら、（　　　）。

a. たくさん食べる　　b. あまり食べない　　c. 少し食べる

## 第６章　直接的条件の文型などを覚えよう！



### 53　～とあれば

**意味** ～（特別な条件）なら

**接続** V／A／ナA普通形 ＋とあれば／N＋とあれば

**例文**
・子供のためとあれば、母親はどんなことでもやりますよ。
・役員との意見交換なしにこれを無理に進めるとあれば、私は手を引くつもりです。

**＊** ～さんの頼みとあれば、必要とあれば

**★** 後半は主に「～ます、～だろう、～なければならない」など話者の「希望、意向、判断」を表す文などがくる。

**★★** 「～てください」など「依頼」や「疑問」の文はこない。

**問題**

① 女性が外国で一人で暮らす（　　　）、いろいろと大変な思いもするでしょう。

a. ので　　b. とあれば　　c. には

② 成功のためとあれば、何でも（　　　）。

a. やります　　b. きます　　c. かわります

### 54　～たら最後／～たが最後　(—)（参照 6 限りに、79 をもって）

**意味** ～たら（必ずひどいことになる）

**接続** Vた＋ら最後／が最後

**例文**
・人間関係において、信頼を失ったが最後、友達は去っていくでしょう。
・姉はお金を持たせたら最後、ブランド品を買い漁るでしょう。

**★** 実際に起こることや仮定、条件のことにも使える。

**★★** 後半は「必ずそうなると思われる状況や事態」がくる。

**問題**

① ギャンブルにのめり込ん（　　　）、もう元の生活には戻れない。

a. でも　　b. だものの　　c. だら最後

② 彼女は恋に落ちたが最後、相手の（　　　）など見えやしない。

a. 性格　　b. 欠点　　c. 長所

## 55 ～ようでは（一）

**意味** ～のような良くない状態では（良くない結果になるだろうという推測）

**接続** V／A普通形 ＋ようでは

Nである／㋤Aな・である＋ようでは

**例文** ・こんなに何度も遅刻するようでは、仕事になりません。

・こんな問題も解けないようでは、この試験に挑戦することすらできない。

**問題**

① だれにでもノーと（　　　）ようでは、我慢するばかりでストレスがたまる一方だよ。

a. 言えない　　b. 言う　　c. 言った

② こんなにミスが多いようでは、安心して（　　　）。

a. 任してもいい　　b. 任せられない　　c. 任せたい

## 56 ～なくして（は）／～なしに（は）／～なしでは

**意味** ～なかったら（後半は成立しない＝前半が絶対必要だ）

**接続** N＋なくして（は）／なしに（は）／なしでは

Vこと ＋なくして（は）／なしに（は）／なしでは

**例文** ・年金制度なくして、老後生活は成り立たない。

・授業中、先生に許可をもらうことなしに、生徒が携帯電話を使うことはできない。

**★** 話者が重要だと思っていることやものにつく。

**★★** 後半は否定表現「～ない」がくる

**問題**

① 夫の協力なしに、妻の仕事と育児の両立は（　　　）。

a. 不可能だ　　b. 頑張り次第だ　　c. できる

② ボランティアの参加なしに、このイベントは（　　　）。

a. 成功するかもしれない　　b. 実行できる　　c. 実行できない

## 57 ～くらいなら

**意味** ～より（後半の方がましだ）

**接続** V＋くらいなら

**例文** ・愛してない人と結婚するくらいなら、死んだほうがいい。

・満員電車の快速に乗るくらいなら、普通に乗って座って帰ったほうがましだ。

**★** 話者が「最悪の事態」だと思っている文につく。

**★★** 後半は、「～ほうがましだ、～ほうがいい、～なさい、～のに」で終わる文が多い。

**問題**

① 会社の人間関係に悩む（　　　）、独立したいと思います。

a. くらいなら　　b. 人は　　c. ことから

② すぐに離婚する（　　　）、初めから結婚しなければいいのに。

a. くらいで　　b. くらいでも　　c. くらいなら

## 58 ～ぐらいのものだ／～ぐらいなものだ

**意味** ～しかいない

**接続** N＋ぐらいのものだ／ぐらいなものだ

**例文** ・試験で満点を取れる人は、君ぐらいのものだ。

・この成績で推薦できるのは、この学校ぐらいなものだ。

**問題**

① この状況を劇的に変えられるのは、堀越さんぐらい（　　　）。

a. のことだ　　b. なものだ　　c. でもない

② あんなに素晴らしい青空説法ができるのは、（　　　）ぐらいのものだ。

a. 瀬戸内寂聴さん　　b. お坊さん　　c. 仏様

## 59 ～ものとして

意味 ～と仮に考えて（想定して）

接続 V／A／ナA／N普通形 ＋ものとして

例文 ・何も知らないものとして、裁判の手続きを最初から説明してください。
・先生は、日常会話はできるものとして、私に上級会話のクラスを勧めてくれた。

★ 実際はそうではないが、そうだと考えて、後半のことをする。

★★ 実際はそうではないかもしれないが、そうだと認めて、後半のことをする。

問題

① 頼れる人は誰もいないもの（　　　）自分の力で解決してみて。

a. だが　　b. だから　　c. として

② 私はいない（　　　）、あなたが先生となり授業を進めてください。

a. ものだけれど　　b. ものとして　　c. ものでも

## 60 ～ものとする（硬）

意味 ～と決める、見なす

接続 V＋ものとする

例文 ・本条は本法に従うものとする。
・市長等は、必要な支援を行うものとする。
・（契約書）…金10万円を支払うものとする。

★ 法律や契約書、条例などでよく使われる。

問題

① 市は、近隣自治体等と連携し、協力するよう努める（　　　）。

a. ものとする　　b. ことだ　　c. に限ったことでなない

② 後遺障害の1級の認定を受けるには、「常に介護を（　　　）もの」である必要がある。

a. 要は　　b. 要して　　c. 要する

## 61 ～でも差し支えない（硬）

**意味** ～てもかま（構）わない

**接続** N／㋤A＋でも差支えない

Vても／Aくても＋差支えない

**例文** ・ご返信いただかなくても差し支えありません。

・通帳はあってもなくても差支えありません。

**＊** 差支えないようでしたら、お名前を教えてください。

**問題**

① 後のスケジュールがなくなりましたので、ゆっくりいらしても（　　　）。

a. 差支えます　　b. 差支えありません　　c. 差支えない

② メールでも（　　　）でも差支えありません。

a. 電話　　b. 直接来る　　c. ファックスする

## 62 ～に越したことはない

**意味** 当然（一番）いい

**接続** V・Vない ＋に越したことはない

A・Aくない ＋に越したことはない

Nする＋に越したことはない

N（である）＋に越したことはない

㋤A（である）＋に越したことはない

**例文** ・成功したいなら、ひたすら努力するに越したことはない。

・運動はするに越したことはないが、無理をしたら元も子もない。

**問題**

① お金はたくさんあるに（　　　）ことはない。

a. 越す　　b. 越して　　c. 越した

② 会いたいときは、いくら遠くても（　　　）に越したことはない。

a. 訪ねる　　b. 訪ねた　　c. 訪ねない

# 第6章 直接的条件の文型などを覚えよう！

## 63 ～ば～に越したことはない

**意味** ～た方がいい

**接続** Vなら（ば）V ＋に越したことはない

Aければ A ＋に越したことはない

㋤Aなら（ば）㋤A（である） ＋に越したことはない

Nなら（ば）N（である） ＋に越したことはない

**例文** ・契約社員が、正社員になれるならば、なるに越したことはない。

・携帯は高性能であれば、それに越したことはない。

**問題**

① 行くのであれば、早い（　　　）。

a. に越したことはない　　b. に越すことはない　　c. を越したことはない

② 本当に愛しているならば、（　　　）に越したことはない。

a. 別れたくない　　b. 別れる　　c. 別れない

## 64 ～ばきりがない（切りがない）

**意味** ～ば限度がない

**接続** Vば・Vたら・Vと＋きりがない

**例文** ・欲しい物を挙げればきりがないが、このカバンは喉から手が出るほど欲しい。

・上を見たらきりがないから、今の状況に感謝しながら生きよう。

**＊** 欲を言えばきりがない

**問題**

① 愚痴を言えば（　　　）から、このへんでやめておきます。

a. はずかしい　　b. きりがない　　c. すっきりする

② 今までのミスを思いかえせば、きりが（　　　）。

a. ある　　b. ない　　c. あった

## 65 ～かれ～かれ

**意味** ～くても～くても（どちらにしても同じだ）

**接続** A~~い~~+かれ、A~~い~~+かれ

**例文** ・遅かれ早かれ、その秘密は知れ渡ってしまうだろう。

・多かれ少なかれ、みな悩みの一つくらいは持っている。

**＊** 良かれ悪しかれ（＝よいにしろ、悪いにしろ）読み方に注意。

**★** 「A１かれA２かれ」対になる反対の形容詞が入る。慣用的表現が多い。

**問題**

①（　　　）早かれ、起こるべきことは起こる。

a. 遅いかれ　　b. 遅く　　c. 遅かれ

② 良かれ（　　　）、当事者が解決するに越したことはない。

a. 悪しかれ　　b. 悪かれ　　c. 悪いかれ

## 66 ～につけ～につけ／～につき～につき

**意味** ～ても～ても

**接続** A+につけ、A+につけ／A+につき、A+につき

**例文** ・いいにつけ悪いにつけ、子供は親の影響を受けながら育つ。

・嬉しいにつき悲しいにつき、お酒を飲むと楽しくなります。

**＊** 良きにつき悪しきにつき＝「良きにつけ悪しきにつけ」

**★** 「～につけ～につけ」「～につき～につき」両方可能だが、「～につけ～につけ」の方がよく使われる。

**問題**

①（　　　）につき悪いにつき、カエルの子はカエルだ。

a. いい　　b. いいこと　　c. よさ

② 良きにつき（　　　）につき、親元を離れると自由になります。

a. 悪いもの　　b. 悪さ　　c. 悪しき

## 67 どんなに～（よ）うと（も）／～（よ）うが

意味 ～ても（それに関係ない、同じだ）

接続 疑問詞＋Vう・Vよう＋（よ）うと（も）／（よ）うが
疑問詞＋Aかろう＋（よ）うと（も）／（よ）うが
疑問詞＋㋤Aだろう・㋤Aであろう＋と（も）／が
疑問詞＋Nだろう・Nであろう＋と（も）／が

例文 ・何を言われようと、自分の役目を全うするまでだ。
・どんなに高かろうが、欲しいものは手に入れなくては。

＊ いくら寒かろうと、いくらきれいだろうが、どこへ行こうと、何を言おうが、どうだろうが、どんなに謝ろうが

★ 「どんなに」の他に、「たとえ、いかに」などと一緒に使うことも多い。

問題

① どこで（　　　）、家族と一緒なら、そこが故郷だと思う。
a. 暮らすが　b. 暮らそうが　c. 暮らすにも

② どこで何をしようが私の（　　　）。あなたにとやかく言われる筋合いはない。
a. 勝手だ　b. ものだ　c. 幸せ

## 68 ～（よ）うと～（よ）うと／～（よ）うが～（よ）うが

意味 ～ても（それに関係ない、同じだ）

接続 Vう・Vよう＋と（も）／が
Aかろう＋と（も）／が
㋤Aだろう・㋤Aであろう＋と（も）／が
Nだろう・Nであろう＋と（も）／が

例文 ・雨が降ろうと、雪が降ろうと、明日は約束の場所に必ず行きます。
・時間があろうとなかろうと、電話だけは入れてください。

★ 正反対あるいは似ている言葉を重ねて言う。

**問題**

① 新品であろうと、中古（　　　）、自転車は必要ないと思うけど。

a. にとどまらず　　b. といわず　　c. であろうと

② ラーメンだろうが、そばだろうが、麺類は（　　　）好きです。

a. 何でも　　b. そばが　　c. そうめんが

## 69 ～であれ／～であろうと

**意味** たとえ～でも（それに関係ない、同じだ）

**接続** N＋であれ／であろうと

疑問詞＋であれ／であろうと

**例文** ・友だちが何歳であろうと、関係ない。話が通じるかどうかだけの問題だ。

・どんな権力者であれ、四苦（生老病死）から逃れることはできない。

**＊** いつであれ、だれであれ、どこであれ、何であれ、どんなNであれ

**★** 「たとえ、どんな」などと一緒に使うことも多い。

**★★** 後半には、「～べき、～まい」など、話者の「判断・決意」などを表す文がくることが多い。

**問題**

① 日本人であれ、（　　　）決められたルールを守らなければならない。

a. 外国人でも　　b. 外国人であれ　　c. 外国人だろうが

② 今は（　　　）場所であろうと、グーグルマップで調べられる。

a. どんな　　b. どこに　　c. どのように

第7章

# 第７章 逆説的条件・目的の文型などを覚えよう！

## 70 〜（よ）うと〜まいと／〜（よ）うが〜まいが ●●●

**意味** 〜てもしなくても（どちらの場合でも関係ない、影響されない）

**接続** Vう・Vよう＋とVまいと

Vう・Vよう＋がVまいが

**例文**
・人が自分の話を聞こうと聞くまいと、彼女は全く気にしない。
・その人に在留資格があろうがあるまいが、医者として患者を治療することに変わりはない。

**＊** Nだろうとなかろうと

**★** する→するまい／すまい

**★★** 同じ動詞の肯定と否定を用いる。

**★★★** 話者の「判断・決意」などを表す文がくることが多い。

**問題**

① 彼は自分の英語が通じようが（　　　）、全く気にも留めていないようだった。

a. 通じないと　　b. 通じまいが　　c. 通じるように

② 電車が運行されようとされ（　　　）、とりあえず駅に行ってみて、そこでどうするか考えることにした。

a. まいが　　b. ないと　　c. まいと

## 71 〜（よ）うか〜まいか ●●●

**意味** 〜かどうか（選択できずに考えたり迷ったりしている）

**接続** Vう・Vよう＋かVまいか

**例文**
・天気予報によると明日は雨の予報なので、ピクニックに行こうか行くまいか、悩んでいる。
・彼の目に余る態度をリーダーとして注意しようかすまいか、迷っている。

**問題**

①親の負担を考えると、イギリスへ留学しようか（　　　）、迷っている。

a. するまいか　　b. しまいか　　c. するか

②歌が大好きなので、市民合唱団に（　　　）入るまいか、考え中です。

a. 入っていいか　　b. 入ることか　　c. 入ろうか

## 72 ～ば～で／～なら～で／～たら～たで

**意味** ～であっても（それほど良くない、悪くない）

**接続** Vば・Vたら＋たらで

Aければ A で

Aかったら A かったで

㋤Aなら㋤Aで

**例文** ・家が狭ければ狭いで、シンプルライフで行こう。

・英語はできないが、海外に行ったら行ったで、なんとかなる。

**★** 同じ言葉を繰り返す。

**★★** 後半は「①問題があっても困らない、なんとかなる。②どちらにしても大変だ、問題だ」の意味の言葉がくる。

**問題**

①忙しい時は早く休みたいと思ったが、（　　　）暇で退屈なことこの上ない。

a. 暇に　　b. 暇なら　　c. 暇でも

②お金がなかったらなかったで、どうにか（　　　）。

a. ならない　　b. なった　　c. なる

# 第7章 逆説的条件・目的の文型などを覚えよう!

## 73 ～べく（硬）（書）

**意味** ～ために、～ようとして

**接続** V＋べく

**例文** ・最新型の携帯電話を購入すべく、コツコツ貯金をしている。

・彼女は嵐のコンサートのチケットを手に入れるべく、販売開始時間のずいぶん前からパソコンの前に座っている。

**★** する→するべく／すべく

**★★** 前後の主語は同じで、「意志」動詞につく。

**★★★** 後半にも、「意志的行為」を表す文がくる。依頼など働き掛けの文はこない。

**問題**

① 彼女は教授に（　　　）べく、脇目も振らずに研究に打ち込んだ。

a. なろう　　b. なった　　c. なる

② 彼は自分の力で（　　　）べく、親からの経済的援助を一切受けなかった。

a. 生きる　　b. バイトする　　c. 趣味に没頭する

## 74 ～べくもない（硬）

**意味** ～ことは考えられない、～できない

**接続** V＋べくもない

**例文** ・BTSとは比ぶべくもないが、彼らは日本でそれなりに有名なアイドルです。

・世界一周クルーズに出かけたいが、お金も時間もないから当分望むべくもない。

**★** する→するべく／すべく

**問題**

① 彼は末期ガンで、回復はもう（　　　）べくもない。

a. 望んで　　b. 望む　　c. 望ましい

② 浴びるようにお酒を飲んだって、この胸の内の苦しみを語る（　　　）。

a. べきではない　　b. べきだ　　c. べくもない

## 75 ～べくして

意味 当然の結果（必然性）

接続 V＋べくして

例文 ・彼とは、会うべくして会ったと思わずにはいられなかった。

・震災でみんな辛い思いをしている中、日本人は助け合うべくして助け合った。

★ 同じ動詞を繰り返し、後半は過去の文が多い。

問題

① この惨事は起こるべくして（　　　）。

a. 起こった　b. 発生した　c. 起こる

② 自分の努力が足りなかったから、この試験は（　　　）べくして落ちたと思う。

a. 合格する　b. 落ちた　c. 落ちる

## 76 ～べからず（硬）

意味 ～てはいけない（看板や掲示の禁止事項）

接続 V＋べからず

例文 ・美術館内で写真を撮るべからず

・芝生に入るべからず

＊ 初心忘るべからず。（忘る＝「忘れる」の古語）

問題

① 【慣用表現】働かざる者、（　　　）べからず。（働かざる＝働かない）

a. 休む　b. 食う　c. 飲む

② 【看板】関係者以外、（　　　）。

a. 入るべからず　b. 入らないで　c. 入ってはならない

# 第７章 逆説的条件・目的の文型などを覚えよう！

## 77 ～べからざる（硬）

**意味** ～てはいけない

**接続** V＋べからざる

**例文** ・彼女は、チアダンスチームに欠くべからざる存在である。
・愚かにも調子に乗って言うべからざることを言ってしまった。

**＊** 慣用的な表現のみ。「欠くべからざる人物、許すべからざる行為、忘るべからざる事件」

**★** **◎** あり得べからざる事態
**×** あり得るべからざる

**問題**

① 盗撮は許す（　　　）犯罪です。

a. ことなし　　b. にはいけない　　c. べからざる

② どんな事態があったにせよ、警官が市民に暴力をふるうとは、（　　　）べからざる事態だ。

a. ある　　b. あり得　　c. あり得る

## 78 ～んがために（書）

**意味** ～ために、～ようとして

**接続** V~~ない~~＋んがために

**例文** ・世渡り下手の不器用者だが、天職を全うせんがために、心血を注いで作品を作り上げた。
・歌舞伎役者になりたいという夢を実現せんがため、彼は寝食をも忘れて練習に励んだ。

**＊** 救わんがために＝救おうとして

**★** 「夢を叶える、権力を奪いとる、生きる、目的を達成する」など、「大きな目標」を表す意志動詞につく。

**★★** 前後の主語は同じで、後ろに依頼など働きかけの文はこない。

**★★★** 日常的な場面では使わない。

問題

① 長崎には自分の信仰を（　　　）、命すら捧げた殉教者がたくさんいます。

a. 守らんがために　　b. 守らないで　　c. 守ってほしくて

② 線路に落ちた人を（　　　）がために、自分の命を捧げた人がいる。

a. 救う　　b. 救おう　　c. 救わん

## 79 ～をもって　●●●（硬）（参照 6 限りに、54 たら最後）

接続 N＋をもって

意味 ①～で、～によって（技、知恵など抽象的な手段や方法）

例文 ・熱意と努力をもって、この仕事を頑張りたいと思います。

・最新のロボット技術をもってすれば、ロボットが人間の話し相手になる日も遠くないだろう。

＊ Nをもってすれば（Nを強調、高く評価する）

★ 日常的、具体的な手段や方法などには使わない。

（例：◎ ハサミで紙を切る。／× ハサミをもって紙を切る。）

意味 ②～で区切って、～を限りに、最後にして（時間的基準（参照 6 を限りに、54 たら最後）、公式的な場での宣言）

例文 ・本日をもって、日本語能力試験N１対策の特別講座を終了とします。

・これをもちまして、令和三年度の留学生討論会を終わります。

★ 時、期日を表す言葉につき、日常的なことには使わない。

★★ 後半には、「終了、引退、退職、締め切るなど何かを終えたり、やめたりする際の表現や、否定表現「～ない」などがくる。

問題

① 津波の恐ろしさを、（　　　）体験しました。

a. 身体で　　b. 身をもって　　c. 体を張って

② 3月末日をもちまして、当店を（　　　）させていただきます。

a. 開業　　b. オープン　　c. 閉店

## 80 ～ようがない／～ようもない／～ようのない

**意味** 方法がない

**接続** V~~ます~~＋ようが（も／の）ない

**例文** ・ルーブル美術館のモナリザは、たとえようのない微笑みを浮かべていた。

・どうしようもない不安と恐怖で、私の心は休まることはなかった。

**問題**

① 親子関係の深い溝はどうにも（　　　）ようがなかった。

a. 埋め　　b. 塞ぎ　　c. 開け

③ 私の無事を母親に（　　　）がなく、早く母と連絡がとれるようになることだけを祈っていた。

a. 伝える　　b. 伝えよう　　c. 伝うこと

## 81 ～ことのないよう（に）／～ことがないよう（に）

**意味** ～ないように（対策・措置）

**接続** Vこと のないよう（に）／ことがないよう（に）

**例文** ・地震が起こっても慌てることのないように、非常用食品を備えておきましょう。

・いろいろ考えた結果、後悔することがないように、大学院への進学を決心しました。

**問題**

①（　　　）がないように、全身全霊で取り組んでください。

a. 思い残すの　　b. 思い残す　　c. 思い残すこと

② 多くの（　　　）ことのないように、トンネル工事は慎重に慎重を重ねて行われた。

a. 犠牲者を出す　　b. 犠牲者を出した　　c. 犠牲者を出しての

## 82 ～ばこそ

**意味** ～から（理由の強調）

**接続** Vば＋こそ

Aければ／㊔Aであれば＋こそ

Nであれば＋こそ

**例文** ・気持ちが若ければこそ、何事も新しい気持ちで学び、人生を楽しめるというものだ。

・愛していればこそ、言いにくいことも、あえて言えるのだ。

★ 理由を強調して、後半は、だから「あえてそうする、そうなる」ことを表す。

★★ 後半には「～のだ」の文がくることが多い。

**問題**

① 家族で（　　　）、どんなに苦しい状況においても支え合える。

a. あればこそ　　b. であるこそ　　c. あっても

② 愛する人が（　　　）こそ、幸せに暮らせるのだ。

a. いたら　　b. いれば　　c. いる

## 83 ～ではあるまいし／～でもあるまいし（話）

意味 ～ではないのだから

接続 N＋ではあるまいし／でもあるまいし

V・Vた＋の／わけ＋ではあるまいし／でもあるまいし

A・Aた＋の／わけ＋ではあるまいし／でもあるまいし

例文 ・子供でもあるまいし、めそめそするのは止めなさい。

・あなたが悪かったのではあるまいし、そんなに自分を責めなくてもいいじゃない？

★ 縮約形は「～じゃあるまいし」

★★ 後半は、「現状を否定」するような、話者の「判断・主張・忠告」などの文がくる。

問題

① 永遠に（　　　）ではあるまいし、あなたが幸せでいてくれれば、それでいいよ。

a. 別れる　　b. 別れた　　c. 別れるの

② 大けがを（　　　）のではあるまいし、これくらいで済んだのだから感謝しなくちゃ。

a. した　　b. する　　c. しなかった

## 84 ～手前

意味 ～の前なので、～という状況や立場だから

接続 Nの＋手前

V・Vた・Vている＋手前

例文 ・子供の手前、かっこいいお父さんの姿を見せたくて、ありったけの力を振り絞った。

・娘と約束した手前、どうしても文化祭に行かざるをえない。

★ 他人の目や社会の評価を意識した行動であることを表す。

★★ 後半に、「～てはならない、～わけにはいかない、～ざるをえない」などの表現がくることがある。

**問題**

① いつでも手伝(てつだ)うよと言(い)った（　　　）、何(なに)か手伝(てつだ)わなければならない。

a. 手前(てまえ)　　b. 前(まえ)　　c. 前(まえ)から

② （　　　）の手前(てまえ)、どんな時(とき)も教師(きょうし)らしくしないといけません。

a. 教員(きょういん)　　b. 生徒(せいと)　　c. 班長(はんちょう)

## 85　～（が）ゆえ（故(ゆえ)）（に）（書）

**意味** ～から（手紙(てがみ)や公式(こうしき)の場(ば)での理由(りゆう)）

**接続** N／㋤A＋（が）ゆえに

Nである／㋤Aである＋ゆえに

V普通形(ふつうけい)＋（が）ゆえに

**例文** ・組織的(そしきてき)なデジタル性犯罪(せいはんざい)ゆえ、警察(けいさつ)はサイバー捜査(そうさ)に全力(ぜんりょく)を挙(あ)げている。

・事(こと)の重大(じゅうだい)さを認識(にんしき)したがゆえに、容疑者(ようぎしゃ)の実名(じつめい)や顔写真(かおじゃしん)などの身元公開(みもとこうかい)に踏(ふ)み切(き)った。

**★** 日常的(にちじょうてき)なことには使(つか)わない。

**問題**

① ジャンバルジャンは（　　　）ゆえに罪(つみ)を犯(おか)したが、その人柄(ひとがら)から多(おお)くの人(ひと)に愛(あい)された。

a. 貧(まず)しく　　b. 貧(まず)しいから　　c. 貧(まず)しさ

② （　　　）がゆえに別(わか)れを決心(けっしん)した。

a. 愛(あい)している　　b. 愛(あい)してこそ　　c. 愛(あい)して

第8章

# 第8章 理由・可能・不可能の文型を覚えよう！

## 86 ～こととて（硬）（参照 181 とて）

**意味** ～ということで（手紙や公式の場での理由）

**接続** V／A／㋤A／N普通形 ＋こととて

Nの／㋤Aな＋こととて

**例文** ・緊急のこととて、みんな慌てて避難しました。

・慣れぬこととて、ご迷惑をおかけするかもしれませんが、よろしくお願いいたします。

**＊** 予期せぬこととて

**★** ない→ぬ。

**★★** 困難な状況への説明や謝罪の理由が語られることが多い。

**問題**

① 日本にくる前の（　　　）、何も覚えていません。

a. こととは　　b. こととて　　c. ことに

② 子供がやったこととて、（　　　）やってください。

a. ほめて　　b. 言って　　c. 許して

## 87 ～とあって ●●●

**意味** ～だから（特別な状況）

**接続** V／A／㋤A普通形 ／N＋とあって

**例文** ・今日は金曜日とあって、夜の街は人で溢れかえっている。

・日本初のフェルメール全作品展が開かれるとあって、美術館の前に長蛇の列ができている。

**★** 自分のことにはあまり使わない。

**問題**

① 30年ぶりの再会（　　　）、彼女らは大学時代の話に花を咲かせた。

a. あって　　b. にあって　　c. とあって

② 初孫は特に（　　　）とあって、父は孫にメロメロです。

a. 可愛いから　　b. 可愛くて　　c. 可愛い

## 88 ～にあって（は）（硬）

**意味** ～において（場所、時期など特別な状況）

**接続** V／A／㋤A普通形 ＋にあっては

N＋にあっては

**例文**
・就職が困難な時代にあって、結婚を諦める若者も多くいる。
・教師という職にあって、生徒にセクハラをしていたとは許せない。

**問題**

① 倒産の（　　　）にあって、会社は仕方なく人員整理に踏み切った。

a. 時期　　b. 危機　　c. 悪化

② 彼は現在オーバーステイの身（　　　）、不安な日々を送っている。

a. であるが　　b. にもかかわらず　　c. にあって

# 第8章 理由・可能・不可能の文型を覚えよう!

## 89 ～にかた（難）くない（硬）

**意味** ～することは難しくない、～できる

**接続** V／N~~する~~＋に難くない

**例文** ・彼女の壮絶な闘病生活は想像に難くない。（＝容易に想像できる）
・彼女の波乱万丈の生涯を思うと、その苦労は察するに難くない。

**★** 「想像、理解、察する」など、「心の動き」を表す限られた言葉につくことが多い。

**問題**

① 青春真っただ中の情熱と苦しみは（　　　）難くない。

a. 理解に　　b. 分かり　　c. 理解が

② 命の危険に陥った時の心境は、想像するに（　　　）。

a. 難しい　　b. 難くない　　c. あり得ない

## 90 ～に～ない

**意味** ～したいけれど、～できない

**接続** V＋に＋V可能否定形

**例文** ・日本の国技である相撲における八百長問題は、笑うに笑えない。
・人には言うに言えない事情ってものがある。

**★** 同じ動詞を繰り返す。

**問題**

① あのように幸せだった時代には戻るに（　　　）だろう。

a. 戻りたい　　b. 戻れる　　c. 戻れない

② ダムの建設により故郷が水中に沈んでしまい、（　　　）帰れなくなった。

a. 帰るも　　b. 帰るに　　c. 帰るが

## 91 ～（よ）うにも～ない

**意味** ～ようとしても～できない

**接続** Vう・Vよう＋にも＋V可能否定形

**例文**
・足を骨折して、友人である作家の授賞式に行こうにも行けなかった。
・結婚しようにも、肝心の相手がいない。

**★** 「～したいと思っているが、このような状況ではできない」という意味。

**★★** 意志的行為を表す動詞につき、後半に同じ動詞の否定表現が続く場合が多い。

**問題**

① 日本語学校時代の友人にはもう会おうにも（　　　）。

a. 会えない　　b. 会いたい　　c. 会える

② 50年前に亡くなったジャズシンガーの歌声は、生で（　　　）聴けない。

a. 聴くにも　　b. 聴こうにも　　c. 聴くのに



## 92 ～そうもない／～そうにもない

**意味** 可能性は低い

**接続** Vます＋そうもない／そうにもない

**例文**
・完成しそうにもないことを、すぐ終わると言って大丈夫ですか。
・天にも届きそうなマリアカラスの歌声は、だれも真似できそうもない。

**★** 可能形「できる、～られる」ともよく使われる。

**問題**

① このような進み具合では、納期に間に（　　　）。

a. 合いそうです　　b. 合うでしょう　　c. 合いそうもない

② 両親の期待が大きすぎて、（　　　）もない。

a. こたえられそう　　b. 小さくしよう　　c. 負えそう

## 93 ～て（は）いられない

**意味** ～の状態でいることはできない

**接続** Vて＋（は）いられない

**例文** ・もうすぐ電車が出るので、これ以上待ってはいられない。

・柔道の県大会で息子の出番になると、落ち着いてはいられなかった。

**★** 主語は普通一人称

**★★** 同じ状態を続けることが難しいという気持ち。

**問題**

① あることないこと言いふらすので、これ以上黙って（　　　）。

a. もいい　　b. はいられない　　c. いてもいい

② いつまでも君の世話に（　　　）はいられない。

a. して　　b. なるの　　c. なって

# 第9章 話題・評価の基準の文型などを覚えよう！

## 94 ～まじき（硬）

**意味** ～てはならない

**接続** V＋まじき＋N

**例文** ・その校長は教員にあるまじき行為で、辞職に追い込まれた。

・匿名性を利用したネット上での中傷は、あるまじき行為であることを忘れてはならない。

**★** 慣用的な決まった言い方でしか使わない。

**問題**

① 警察による黒人殺害という（　　　）事件をニュースで見て驚いた。

a. まじき　　b. ある　　c. あるまじき

②（　　　）は人間としてあるまじき行いである。

a. セクハラ　　b. ボランティア　　c. イクメン

## 95 ～ときたら（話）（一）

**意味** ～のことを言えば（非難・不満を強く感じている気持ち）

**接続** N＋ときたら

**例文** ・最近の歌ときたら、リズムはいいが、歌詞の意味がさっぱり分からない。

・彼ときたら、いつもホラばかり吹いて、あきれてしまう。

**★** Nは話者にとって身近なものや人、後半には不満の表現が続く。

**★★** 「～たい、～よう、～てください」など、話者の「希望・意向や依頼」の文はこない。

**問題**

① うちの兄（　　　）、部屋の掃除、洗濯などすべて私任せなんです。

a. として　　b. ときたら　　c. とは

②（　　　）ときたら、いつも文句ばかり言って、いやになる。

a. うちの夫　　b. 朝　　c. 犬

# 第9章　話題・評価の基準の文型などを覚えよう！

## 96　～ときている

**意味**　～という状態だから（後半は当然だ）

**接続**　V／A／㋤A／N普通形 ＋ときている

N＋ときている

**例文**
・幸いにも今度のお見合いの相手は、ハンサムで高収入ときているので、会うのが楽しみだ。
・この服は軽くて伸縮性があるときているから、ジョギングにはもってこいだ。

**問題**

① 彼女は美人の上に成績優秀（　　　）ので、就職には困らないでしょう。

a. とくる　　b. ときた　　c. ときている

② このレストランは安いだけでなく（　　　）ときているから、いつも満席だ。

a. おいしい　　b. まずい　　c. 遠い

## 97　～ともなると／～ともなれば

**意味**　～くらい（年齢、立場、程度が）高くなると（当然）

**接続**　N＋ともなると／ともなれば

**例文**
・大臣ともなると、発言や行動などが常に注目されて自由が利かなくなる。
・トップ女優ともなれば、自由にショッピングもできない。

★　進んだレベルや特別な状況、立場を表す言葉につく。

★★　後半には、そのレベルに合う「当然の結果」としての状態を表す文がくる。

★★★　「～たい、～よう、～てください」など、話者の「希望・意向や依頼」の文はこない。

**問題**

① 日本語学校の（　　　）ともなると、在籍者の生活や進路指導などで大変でしょう。

a. 生徒　　b. 理事長　　c. 警備員

② 大統領（　　　）、国民のためにすべきことも多く、人に言えない苦悩も多いでしょう。

a. ときていると　　b. ときたら　　c. ともなると

## 98 ～ともあろう（一）

**意味** 能力や責任のある立派な人なのに（それにふさわしくない。驚きや不満）

**接続** N＋ともあろう＋N

**例文** ・大学の学長ともあろう人が、差別的な発言をするなんて信じがたい。

・大統領ともあろう人が、国の大事な決定を最初にツイッターで発表するなんて。

**★** 地位のある人が、するべきではない行動をしたことへの不満を表す。

**問題**

① （　　　）ともあろう人が、そのような無責任なことを言ってもいいのですか。

a. 政治家　　b. アルバイト　　c. 主婦

② 審査委員長とも（　　　）人が、審査に私情を挟むとは。

a. ある　　b. あろう　　c. ありの

## 99 ～たるもの（は）

**意味** 責任のある職業・立場には（そのようなことがふさわしい）

**接続** N＋たるものは

**例文** ・国会議員たるものは、国民の代弁者としての任務を全うしなくてはならない。

・教師たるもの、生徒のやる気と潜在力を引き出さなければならない。

**★** 後半は「～するべき、～してはいけない、～しなければならない」という表現がくることが多い。

**問題**

① プロの教員（　　　）、肝が据わっていないといけない。

a. なるもの　　b. もの　　c. たるもの

② （　　　）たるもの、事実関係を確認してから記事を書くべきである。

a. 記者　　b. 会社員　　c. アナウンサー

# 第9章 話題・評価の基準の文型などを覚えよう!

## 100 ～なりに／～なりの ●●●

**意味** ～できる範囲で

**接続** N／㋨A＋なりに／なりの

V／A普通形 ＋なりに／なりの

**例文** ・今回の事態について<u>私なりに</u>考えてみた。

・<u>英語ができないなりに</u>一生懸命伝えようとしたら、分かってもらえた。

**＊** それなりに、それなりの＋N

**★** 話者が大したことではないと思っている言葉につく。

**★★** 後半は、それでもその状況に応じた態度や行動を取る、という内容の文がくる。

**問題**

① 物事にはすべてそれ（　　　）理由がある。

a. なれ　　b. なりの　　c. なり

② 仕事に行くなら、それなりの（　　　）をするべきだ。

a. 仕事　　b. 時間　　c. 服装

## 101 ～なら～なりに／～なら～なりの

**意味** できる範囲で

**接続** N＋なら＋N＋なりに

㋨A＋なら＋㋨A＋なりに

V／A普通形 ＋なら＋ V／A普通形 ＋なりに

**例文** ・<u>新しいことを始めるなら始めるなりに</u>、計画を立てて挑まなければならない。

・<u>貧しいなら貧しいなりの生活</u>をすれば、食べていくには問題ないと思います。

**★** 同じ言葉を繰り返す。

**問題**

① できないならできない（　　　）、ゆっくり進めていけばいいと思う。

a. なれ　　b. なりに　　c. なりの

② 下手（　　　）下手なりに、最善を尽くそう。

a. で　　b. なのに　　c. なら

## 比べよう 6 話題・評価の基準の文型「～ときたら」「～ともなると」など

| | 文型 | 前半 | 後半（kw.＝キーワード） | 話、書、硬、(―) |
|---|---|---|---|---|
| 95 | ～ときたら | | | （話）(―)<br>非難、不満 |
| 96 | ～ときている | | 当然なこと | |
| 97 | ～ともなると／～ともなれば | 高い地位や立場の人 | 当然の結果 | |
| 98 | ～ともあろう | 責任のある立場 | kw.～なんて、～てもいいのですか | (―) ふさわしくない<br>驚きや不満 |
| 99 | ～たるもの（は） | 責任のある立場 | kw.～するべき、～してはいけない、～しなければならない | |
| 100 | ～なりに／～なりの | 大したことではないが | それでもその状況に応じた態度や行動を取る | |

第9章

# 第9章 話題・評価の基準の文型などを覚えよう！

## 102 ～にひきかえ（引き換え）

**意味** ～に比べて、～とは（反対に、違って、対照的評価）

**接続** N＋にひきかえ

V／A普通形 ＋の＋にひきかえ

Nな・Nである＋の＋にひきかえ

㋤Aな・㋤Aである＋の＋にひきかえ

**例文** ・引っ込み事案な姉にひきかえ、妹は明るく友だちも多い。

・友だちは結婚して子供もいるのにひきかえ、私はまだ一人暮らしだ。

**＊** それにひきかえ

**★** 「～だろう、～かもしれない」のような推量の内容の比較には使わない。

**問題**

① 昔は元気にあちこち出歩いていたのに、それに（　　　）今は買い物に出るのもおっくうだ。

a. ひきかえ　　b. ひきかえて　　c. ひいて

② 兄は性格が（　　　）であるのにひきかえ、弟は繊細で細かい方である。

a. 気が小さく敏感　　b. 大ざっぱで大胆　　c. 背が高くて筋肉質

## 103 ～にもま（増）して

**意味** ～よりもっと

**接続** N／疑問詞＋にもまして

**例文** ・留学帰りの彼女は以前にもまして輝いていた。

・今年のバラ園の花は、去年にもまして美しかった。

**★** 「疑問詞＋にもまして」＝最上級　だれにもまして、いつにもまして、何にもまして

**★★** 後半に否定文はこない。

**問題**

①1才を迎えた我が子は、他のどの子にも（　　　）愛らしかった。

a. もっと　　b. まして　　c. より

②試験に合格した彼は、（　　　）にもまして自信満々に見えた。

a. 受験前　　b. 就職後　　c. 入学前

## 104 ～に先駆けて

**意味** ～よりも早く（新しいことを行う）

**接続** N＋に先駆けて

**例文**
・この会社は<u>他社に先駆けて</u>、G5携帯を発明した。
・この薬は<u>世界に先駆けて</u>、ドイツでの開発が決まった。（＝世界で一番早く）

**問題**

①競合他社（　　　）、新しいシステムを導入した。

a. に先駆けて　　b. を先駆けて　　c. に先だって

②その国は（　　　）に先駆けて、伝染病の感染経路を突きとめた。

a. 他校　　b. 他に　　c. 他国

## 105 ～が（も）～なら、～も～だ（一）

**意味** ～も～も（両方よくない）

**接続** NがNなら、NもNだ

NもNなら、NもNだ

**例文** ・親が親なら、子も子だ。

・妻も妻なら、夫も夫だ。

**問題**

① 先生が先生（　　　）、生徒も生徒だ。

a. でも　　b. なら　　c. で

② 母親（　　　）母親なら、娘も娘だ。

a. でも　　b. なら　　c. も

## 106 ～に即して／～に即した

**意味** ～と合うように

**接続** N＋に即して

Nに即した＋N

**例文** ・現状に即した対策案が出てくることを期待する。

・共働き家庭が多いので、宅配サービスは実情に即した時間設定を行っている。

＊ 現実に即して、実態に即して、事実に即して、実情に即して

**問題**

① 郵便局も、（　　　）に即した新しいサービスを提供している。

a. 時代　　b. 時間　　c. 場所

② あらゆるメディアは、（　　　）報道すべきである。

a. 時代に即して　　b. 事実に即して　　c. 法律に即して

# 第10章 強調の文型を覚えよう！

## 107 ～ないまでも ●●●

**意味** ～というレベルまでは至らないが（その少し下くらいの状態）

**接続** Vない＋までも

**例文**
・プロにはなれないまでも、音楽活動はずっと続けていくつもりだ。
・毎月とはいかないまでも、せめて年に１回は会いたいね。

★ 「N＋とはいかないまでも」、「N＋とは言わないまでも」の形もある。

★★ 話者が最上級と思う内容の文につく。

★★ 後半には最上級より少し下のレベルを表す文がくる。

**問題**

① （　　　）とはいかないまでも、せめて国内旅行が出来たら嬉しいな。
　a. 長期旅行　　b. 温泉旅行　　c. 海外旅行

② その国でオペラ鑑賞とは（　　　）、小さな店でも歌が聴けたらいいな。
　a. いかないまでも　　b. いかず　　c. いっても

## 108 ～てまでも／～までして

**意味** その状態になるまで（極端なことをして、それでも）

**接続** Vて＋までも
N＋までして

**例文**
・母親は体を壊してまでも、息子達の学費のため、一日も休まず必死に働いてきた。
・徹夜までしてプレゼンテーションの資料を準備したのに、突然キャンセルとなった。
（＝徹夜してまで）

**問題**

① その記者は戦地で危険を冒して（　　　）、取材をし続けた。
　a. も　　b. までも　　c. でも

② 大学院生は教授と言い争いまで（　　　）、自分の主張を貫いた。
　a. したが　　b. するが　　c. して

第10章

# 第10章 強調の文型を覚えよう！

## 109 ～ごとく（硬）

**意味** まるで～ように

**接続** V・Vた＋（が）ごとく

V／A／㋤A／N普通形 ＋かのごとく

N＋のごとく

N／㋤Aである＋かのごとく

**例文** ・例のごとく会議で発言するのは部長だけだ。

・そのロボットは、まるで生きているかのごとく、客と目を合わせて親しげに会話している。

**＊** 湯水のごとく（＝惜しげもなく、無駄に）

**問題**

① お金を（　　　）のごとく使える身分になってみたいものですね。

a. 湯水　　b. 温泉　　c. 熱湯

② 神が降りてきた（　　　）、彼の演奏はいつになく素晴らしいものだった。

a. ごとく　　b. のごとく　　c. かのごとく

## 110 ～ごとき（硬）

**意味** ～ような（批判や軽蔑の気持ち）

**接続** N＋ごとき

Nの＋ごとき＋N

**例文** ・彼のごとき人物は、刑務所に入れられて当然だ。

・私ごとき者が、このような神聖な場所に入っても差支えないでしょうか。

**★** 「人や物」に使うと、対象をけなす。

**★★** 「自分」に使うと、謙遜の意味になる。

問題

① スマートフォン（　　　）、私の大切な時間を取られてたまるか。

a. ごとき　　b. ごときに　　c. ごときで

② お前（　　　）、負けてたまるか。

a. ごときに　　b. ごとき　　c. ごときで

## 111 ～に至って／～に至っても／～に至らず（硬）（一）

意味 そこまで進んで（極端な例）

接続 N＋に至って／に至っても／に至らず

V＋に至って／に至っても／に至らず

例文 ・政府は死者が出るに至って、事の深刻さにやっと気づいた。

・幸いにも強制送還に至らず、ビザを取得して、日本で再出発した。

★ 「人、段階、こと」などの、極端な状況を表す。

★★ 「～に至っても」は後に否定表現「～ない」がくる。

問題

① 被疑者は被害者が死に至っても、反省や謝罪の気配すら（　　　）。

a. 見せた　　b. 見えた　　c. 見せなかった

② 車の事故を起こしたが、大事に（　　　）ほっとした。

a. 至って　　b. 至らず　　c. に至っても

第10章

## 112 ～に至っては (硬)

意味 ～の場合は（ひどい状態だ）

接続 N＋に至っては

例文 ・地震被害で、宮城県のある地域に至っては、まったく人が入れない状態だった。
・事ここに至っては、もう成すすべがなかった。

★ 極端な状況の例につく。

★★ 後半は、その例の状態に言及し、全体として「ひどい、あきれた」という評価を表す。

問題

① 飲食店の閉店が相次ぐ中、大手チェーンの飲み屋（　　　）四つの支店を次々と店じまいした。

a. に至っては　　b. に至っても　　c. に至り

② 最近すぐ仕事を辞めてしまう若者が多いらしい。娘に至っては（　　　）も持たなかった。

a. 1か月　　b. 5年　　c. 10年

## 113 ～しまつ（始末）だ (―)

意味 ～悪い結末になってしまった（あきれた、困った）

接続 V＋始末だ

例文 ・借金返済に困り果て、とうとう結婚指輪まで売ってしまう始末だ。
・彼は毎日バイトに追われ、挙句の果てに留年する始末だった。

★ ひどい状況や事態を説明した後、悪い結末になったことを表す文につく。

★★ 「ついに、とうとう、～まで」などと一緒に使うことも多い。

問題

① アメリカのドラマにハマってしまい、（　　　）見続ける始末だ。

a. 2時間　　b. 徹夜してまで　　c. 夜まで

② お酒と賭博に明け暮れていると思ったら、この（　　　）だ。

a. 始末　　b. 場合　　c. 事実

## 114 ～っぱなしだ（一）

**意味** （するべきことがあるのにしないで）ずっと～状態だ（不満や非難の気持ち）

**接続** V~~ます~~＋っぱなしだ

**例文** ・あまりの暑さに、一日中<u>エアコンをつけっぱなしにして</u>過ごした。

・彼女は<u>言いっぱなしで</u>、人の話は聞こうともしない。

**＊** 水の出しっぱなし、電気のつけっぱなし

**問題**

① 電気の（　　　）には気を付けましょう。

a. つけわすれ　　b. つけたの　　c. つけっぱなし

② 彼はいつも食べっぱなしで（　　　）。

a. 太っている　　b. 片付けができない　　c. きちんと片づける

## 115 ～たりとも ●●●

**意味** ～最小単位１～も…ない（全く…ない）

**接続** １＋助数詞＋たりとも…ない

**例文** ・このような不況時は、<u>一円たりとも無駄遣いしてはならない</u>。

・陶器に釉薬をかける時は、<u>一瞬たりとも気を緩めてはいけません</u>。

**＊** 一日たりとも、一滴たりとも、一粒たりとも、一度たりとも

**＊** 何人たりとも

**★** １年、１トンなど、「大きい単位」にはつかない。

**問題**

① 計測は（　　　）間違うことのないようにしてください。

a. 一ミリたりとも　　b. 少しでも　　c. 何ひとつ

② 国を離れて以来、（　　　）家族のことを思わない日はない。

a. 一日しか　　b. 一日でさえ　　c. 一日たりとも

# 第10章 強調の文型を覚えよう！

## 116 ～なりと（も）

**意味** ～だけでも

**接続** N＋なりとも

**例文** ・多少なりとも、役に立てれば幸いです。

・一目なりとも会えるなら、どれだけ嬉しいことか。

**＊** わずかなりとも

**★** 疑問詞＋なりとも：どこへなりと（＝どこでも）、いつなりと（＝いつでも）、なんなりと（＝なんでも）

**★★** 後半に条件の「～ば／なら」などと一緒に使うことが多い。

**問題**

① わずか（　　　）、留学費の足しになればと思います。

a. たりとも　　b. なりとも　　c. とも

② （　　　）なりと、希望があればおしゃってください。

a. なん　　b. なに　　c. なんで

## 117 ～すら　●●●（硬）

**意味** ～でも、～でさえ、～にも、～にさえも

**接続** N（助詞）＋すら

**例文** ・博士（で）すら気づかなかった不具合の原因を、大学院生が究明した。

・病院はいつも混んでいて、2時間も待たされることすらある。

**★** N＋ですら（＝Nが、Nであっても）

**問題**

① 友人にすら（　　　）秘密ってあると思う。

a. 言っても　　b. 言うが　　c. 言えない

② レベルN１の漢字はおろか、自分の名前すら満足に（　　　）。

a. 分からない　　b. 書けない　　c. 書ける

## 118 ～だに（硬）

**意味** ～だけでも、でさえ

**接続** N（助詞）／V＋だに

**例文** ・彼女は口を開ければ、夫や周りへの不満で、聞くだに堪えなかった。
・親友と死に別れるなんて、夢だに思わなかった。

**★** 「想像、微動、考える、聞く」など、限られた言葉のみにつく。

**問題**

① 伝染病でこの街から人が消えるなど、想像する（　　　）恐ろしい。

a. だにも　　b. だに　　c. にも

② 彼女は判決を聞いて、ショックのあまり（　　　）だにしなかった。

a. 微動　　b. 想像　　c. 夢

## 119 ～にして

**意味** ①～だからこそ（程度・段階の強調）

**接続** N＋にして

**例文** ・あそこまで情緒豊かなピアノの演奏は、あの天才にしてできることだ。
・あの難しい歌は、パバロッティにしてようやく歌える曲だ。

**＊** この親にしてこの子あり

**★** 「Nにして」の後に「はじめて、ようやく」をつけて、さらに強調することもある

**意味** ②慣用的表現で「～で」「～なことに」の意味、驚きを表す。

**＊** 一瞬にして、幸いにして、不幸にして、一晩にして、一夜にして

**問題**

① 50才（　　　）ようやく自分の趣味というものを見つけた。

a. にして　　b. にも　　c. にて

② 今まで積み上げてきた私のキャリアと業績が（　　　）崩れた。

a. 一瞬にして　　b. 一瞬　　c. 一瞬にも

# 第10章 強調の文型を覚えよう！

## 120 ～あってての

**意味** ～が大事だ、第一だ。（強調、感謝の気持ち）

**接続** N＋あっての＋N

**例文**
・久保田さんあっての私です。いつも背中を押してくださってありがとうございます。
・健康あっての幸せだから、毎日運動を欠かさないようにしましょう。

**★** 話者が大事だと評価するものを強調したり、感謝を述べたりする時に使う。

**問題**

① 先生（　　　）私です。この賞を先日お亡くなりになった先生に捧げます。

a. あっての　　b. ありの　　c. あるの

② ドラマ「愛の不時着」の成功は、脚本もいいが、俳優の（　　　）ことでしょう。

a. 演技があって　　b. 演技力あっての　　c. 演技力の

## 121 ～からある／～からする／～からの

**意味** ～（具体的数量）以上の。（とても大きい、多いという意味）

**接続** 数詞＋からある／からする／からの＋N

**例文**
・台風の影響で、5トンからある岩が山から転がり落ちてきた。
・カフェで話に夢中になっていたら、30万円からするバッグを盗まれた。

**★** 「重量・寸法・数」＋からある＋N

**★★** 「値段」＋からする＋N

**★★★** 「費用・人数」＋からの＋N

**問題**

① 高齢化により、年金の受取額が減るため、2千万円からの（　　　）が必要になると言われている。

a. 年金　　b. 老後　　c. 老後資金

② 駅から10分以内の物件なので、10万円（　　　）家賃を払わなければならない。

a. からある　　b. からする　　c. から

## 122 ～こそあれ（硬）

**意味** ～はあるけれど（後半を強調）

**接続** N／ⓝAで＋こそあれ

**例文** ・苦労こそあれ、外国人生徒の支援活動はやりがいのある仕事です。

・佐藤さんは小さなミスこそあれ、どんな仕事も手早くほぼ完璧にこなす。

**問題**

① 田中さんの英日通訳はわずかな（　　　）こそあれ、ほぼ完璧だ。

a. 間違い　　b. 下手　　c. 上手

② このコートは小さなほころび（　　　）、まだ十分着られます。

a. あっても　　b. あれこそ　　c. こそあれ

## 123 ～こそすれ（硬）

**意味** ～ことはあるが、（後半は絶対ない）

**接続** N／Vます＋こそすれ

**例文** ・親には感謝こそすれ、恨んでなどいません。

・姉は私のことを褒めこそすれ、決して悪く言ったりはしません。

**問題**

① 突然のキスに（　　　）こそすれ、嫌な気持ちにはならなかった。

a. 驚き　　b. 驚く　　c. 驚いて

② 今度の試合では善戦こそすれ、勝つことは（　　　）だろう。

a. ある　　b. あり得る　　c. ない

## 124 ～こそ～が

**意味** ～は～けれど

**接続** N＋こそ～が／けれど

**例文** ・彼女は表情こそ穏やかだが、心では強い劣等感にさいなまれている。

・この料理は見た目こそ美味しそうだが、食べてみると、それほど美味しくなかった。

**問題**

① このパソコンはデザイン（　　　）古いが、使いやすい。

a. も　　b. こそ　　c. でも

② 彼の作文は（　　　）こそいいが、字が汚くて本当に読みにくい。

a. 文章　　b. 筆記　　c. 書体

# 第11章 主張・断定の文型などを覚えよう！

## 125 〜でも何でもない／〜くも何ともない

**意味** 強い否定

**接続** N／ナA＋でも何でもない

A＋Aく＋も何ともない

**例文** ・好きでも何でもない人からチョコレートをもらっても、嬉しくも何ともない。

・愛する子供のため、親が必死に頑張るのは、苦労でも何でもない。

**＊** ほしくも何ともない

**問題**

① 他人から何を言われたって、痛くも痒くも（　　　）。

a. 何にもない　　b. 何もない　　c. 何ともない

② 自分の子供を虐待するなんて、（　　　）何でもない。

a. 親も　　b. 親でも　　c. 親で

## 126 〜といったらありはしない／〜といったらありゃしない (一)（参照 139 といったらない）

**意味** （程度・状態が）とても〜

**接続** N／V／A／ナA ＋といったらありはしない／といったらありゃしない

**例文** ・うわさ通り、彼女の部屋の汚さといったらありゃしない。

・健康のためとは言え、2万歩以上も歩いて、疲れたといったらありはしない。

**＊** 喉が渇くといったらありゃしない、つまらないったらありゃしない

**★** 「といったらありゃしない、ったらありゃしない、ったらない」は縮約した口語形。

**問題**

① 彼から突然別れようと言われて、腹が立つと（　　　）。

a. いったらなかった　　b. いってもなかった　　c. いえなかった

② 病気で何日も寝込んでしまい、痩せてひどい顔といったら（　　　）。

a. ありもない　　b. ありゃしない　　c. ありえない

第11章

# 第11章 主張・断定の文型などを覚えよう！

## 127 ～やしない

意味 絶対ない（全面否定、不満や非難の気持ち）

接続 Vます＋やしない

Vます＋ゃしない

例文 ・引きこもりの息子は、一度も自分の部屋から出て来やしない。

・おいしくないのか、子供は父親が作った離乳食を食べやしない。

★ 「～はしない」の口語形。

問題

① そんなこと言われたって、わかりゃ（　　　）。

a. なきゃ　　b. しない　　c. ない

② お母さんが認知症だなんて、そんなこと（　　　）しない。

a. あり　　b. ありも　　c. ありゃ

## 128 ～には及ばない

意味 ～には適わない（～のレベルには達していない）

接続 Nする／V＋には及ばない

例文 ・物事への洞察力は彼の足元にも及びません。

・どんなに頑張っても、林さんのコミュニケーション能力には到底及びません。

＊ 足元にも及ばない

★ 「は」を省略して「に及ばない」も使う。

★★ 「にも及ばない」の形で強調する。

問題

① 心理学の知識では、彼女には全く（　　　）。

a. なくもない　　b. ない　　c. 及ばない

② コロナ禍の影響もあって今年の年収は（　　　）に及ばないだろう。

a. 昨年　　b. 利益　　c. ボーナス

## 129 ～（わざわざ）には及ばない／～に及ばず

**意味** （相手の気持ちや提案などに対して）わざわざ～する必要はない（謙遜、婉曲な否定）

**接続** N~~する~~／V＋に及ばない

**例文** ・メールで済むことだから、わざわざ行くには及びません。

・その件は既に連絡をいただいておりますので、わざわざ説明には及びません。

**＊** 心配には及ばない、それには及ばない

**問題**

① 言うに（　　　）、何にもまして大事なのは家族の存在である。

a. 及ばなく　　b. 及ばない　　c. 及ばず

② 私はやるべきことをやっただけなので、（　　　）には及びません。

a. お礼　　b. 当然　　c. 失礼

## 130 ～はさておき／～はさておいて

**意味** ～はさしおいて（取り上げないで）

**接続** N＋はさておき

**例文** ・そんな冗談はさておき、この件の解決方法を考えましょう。

・うまくできたかどうかはさておき、積極的に発表するその姿勢には好感が持てた。

**＊** それはさておき、その話はさておき、外見はさておき

**問題**

① 結果は（　　　）、やると決めたら腹をくくってやるしかないと思う。

a. さておき　　b. さて　　c. おいて

② （　　　）はさておいて、私は自分なりに最善を尽くしたと思う。

a. 自分の力　　b. 努力　　c. 世間の評価

第11章

# 第11章 主張・断定の文型などを覚えよう！

## 131 ～にはあた（当）らない

**意味** ～する必要はない、～ほどのことでもない

**接続** N~~する~~／V＋にはあたらない

**例文**
・緊張のあまり面接試験でうまく答えられなかったが、これくらいで嘆くにはあたらない。
・忘れ物を届けたくらいで、感謝されるにあたらない。

**＊** 非難するにはあたらない、驚くにはあたらない

**問題**

① 仕事でちょっとミスしたくらいで、心配（　　　）あたらない。

a. にも　　b. では　　c. には

② この映画は本当に素晴らしい。アカデミー作品賞の受賞は（　　　）に当たらない。

a. 当然　　b. 驚く　　c. 確か

## 132 ～でなくてなんだろう（硬）

**意味** ～以外の何ものでもない（確かに～だ、感動・嘆き・称賛などの気持ち）

**接続** N＋でなくてなんだろう（か）

**例文**
・人を侮辱するような発言は、ヘイトスピーチでなくてなんだろう。
・黒人男性への過剰な鎮圧行為は人種差別でなくてなんだろう。

**問題**

① 結婚を前提で付き合ったのに、妻子がいるなんて、結婚詐欺（　　　）なんだろう。

a. でなく　　b. でなくて　　c. ではなく

② 相手をありのまま受け入れられるということは、（　　　）でなくてなんだろう。

a. 無知　　b. 愛着　　c. 愛情

## 133 ～までだ／～までのことだ

（参照 135 ばそれまでだ）

接続 V／Vた＋までだ／までのことだ

意味 ①V＋までだ／までのことだ：だめなら別の方法をとるという話者の決意

②Vた＋までだ／までのことだ：その行動に深い意味はない

例文 ・やってみて気に入らなければ、辞めるまでだ。

・気になることがあったから、ちょっと聞いたまでです。

接続 ③条件の「～ば／たら」＋「V＋までだ／までのことだ」

意味 ～たら、全てが終わりだ／無駄になる

（ほかに方法がないなら）～するしかない

妻が反対だといえば、あきらめるまでだ。

今年合格できなかったら、来年また受験するまでのことだ。

問題

① 私は単に事実を述べた（　　　）だ。

a. こと　　b. までのこと　　c. つもりのこと

② 自分はもう無理だと思ったら、（　　　）。

a. それまでだ　　b. そうかもだ　　c. それだ

## 134 ～までもない ●●●

意味 （当然）～する必要はない

接続 V＋までもない

例文 ・起業するには投資家から信頼を得ることが一番大事だということは、言うまでもない。
・確認するまでもなく自分が愛されていることを、母親の温かい眼差しや優しい言動から感じ取っていた。

★ 「意志的行為」を表す動詞の文につく。

問題
① 感染を伴うこの病気は、聞く（　　　）、面会謝絶になるだろう。
a. までもなく　　b. までもない　　c. までもないから
② このラーメンは（　　　）までもなく、辛いに決まっている。
a. 味見するの　　b. 味見して　　c. 味見する

## 135 ～ばそれまでだ（参照 133 までだ／までのことだ）

意味 ～たら台無しだ（終わりだ、それ以上何もできない）

接続 Vば＋それまでだ

例文 ・いくらけいこを重ねても、上演できなければそれまでだ。
・事故で車に傷をつけてしまったが、保険が下りないならそれまでだ。
・いくら高級車を買っても、乗らなければそれまでのことだ。

＊ ～と言われればそれまでだ

★ 「～ても、Vば＋それまでだ」の形で使うことも多い。

問題
① どんなに愛していると言われても、行動が（　　　）それまでだ。
a. 伴うなら　　b. 伴うと　　c. 伴わなければ
② 残念だが、自分で「私には無理だ」と思えば（　　　）までだ。
a. それ　　b. そこ　　c. それら

# 第12章 心情の文型などを覚えよう！ Ⅰ

## 136 ～に足りる／～に足りない

**意味** 十分～できる価値がある／ない

**接続** N~~する~~／V＋に足りる／に足りない

**例文** ・話の内容といい態度といい、彼は信頼するに足りる人である。

・芸能人の不倫だの、病気だの、テレビの昼の番組は取るに足らない話題ばかりだ。

**＊** 尊敬に足りる、調査に足りる、報告に足りる

**＊** 取るに足らない（＝取り上げる価値がない）

**問題**

① ネット上の多くの情報は（　　　）に足りるとは思えない。

a. 依頼　　b. 尊敬　　c. 信頼

② 自白だけでは、彼が有罪であることを証明するに（　　　）。

a. 足りない　　b. 足りた　　c. 足りる

## 137 ～にた（耐・堪）える／～にたえうる

**意味** ～するだけの価値がある

**接続** N~~する~~／V＋に堪える

**例文** ・くだらなくて、聞くにたえない話だ。

・この本は、男女差別についての議論にたえうる内容となっている。

**★** 「鑑賞、議論、批判、読む、聴く、見る」などの言葉につく。

**問題**

① 大人が（　　　）に堪えうる絵本も結構あります。

a. 読んだ　　b. 読む　　c. 読書

② この作品は十分（　　　）耐えるレベルだ。

a. 見るに　　b. 見るも　　c. 見ての

## 138 ～に堪えない

**接続** N~~する~~／V＋に堪えない

**意味** ①（あまりひどくて）～することが我慢できない

**例文** ・この映画は残酷すぎて見るに堪えなかった。

・彼はカラオケが大好きでよく誘われるが、彼の歌は聴くに堪えない。

**＊** 見るに堪えない惨事

**★** 「鑑賞、議論、批判、読む、聴く、見る」などの言葉につく

**意味** ②～という感情が抑えられないほど強い

**例文** ・このような賞をいただき、感謝に堪えません。

・別れた恋人の死を知り、後悔の念に堪えなかった。

**＊** 非常に恐縮に堪えない

**★** 主語はふつう一人称。

**★★** 「感謝、感激、同情」などの名詞につく。

**問題**

①「Me Too」関連ニュースで知る実情は聞くに（　　　）。

a. 堪えない　　b. 堪える　　c. 堪えていない

② このような事態に至って、（　　　）に堪えない。

a. 悲しい　　b. 苦しみ　　c. 憂慮

## 139 ～といったらない（話）（参照 126 といったらありはしない／といったらありゃしない）

**意味** 言い表せないほど（素晴らしい／ひどい、驚き）

**接続** N／A／㋤A＋といったらない

**例文** ・先輩は面倒見がよいといったらない。まるで家族のように接してくれる。
・母親を亡くして食べ物が喉を通らなかった。その寂しさといったらなかった。

**★** 程度の極端なことへの驚きを表し、「良いことにも悪いことにも」使える。

**★★**「苦しさ、おいしさ、素晴らしさ、立派さ」など、形容詞に「さ」をつけて名詞化した言葉につくことが多い。

**問題**

① 飛行機の中から見た黄昏はその美しさ（　　　）なかった。

a. とは　　b. といったら　　c. といえば

② 屈託のないその（　　　）、愛おしいといったらなかった。

a. 笑顔　　b. 姿勢　　c. 涙

## 140 ～限りだ

**意味** 非常に～だ

**接続** A／㋤Aな＋限りだ

**例文** ・このような賞をいただけるとは、嬉しい限りだ。
・不法入国者を防ぐために高い国境の壁を作ったとは、残念な限りだ。

**★**「寂しい、恥ずかしい、情けない、ほほえましい」など、「感情」を表す形容詞につく。

**問題**

① 残虐な事件の真相が解明されたが、その内容は恐ろしい（　　　）。

a. までだ　　b. までのことだ　　c. 限りだ

② 入社10年目にしてこんなミスをするなんて、お（　　　）限りです。

a. 寂しい　　b. 恥ずかしい　　c. 心細い

## 141 ～に限る

**意味** ～のが一番だ

**接続** N＋に限る

V・Vない＋に限る

**例文** ・溜まっているストレスを解消するには、温泉に行くに限る。

・楽しく英語を学ぶには、ユーモアのセンスがあるこの先生に限る。

**問題**

① コロナ禍で給料が激減した。こうなったら（　　　）に限る。

a. 外出　　b. ショッピング　　c. 節約

② 寒い冬はコタツに足を入れてミカンを食べながら（　　　）に限る。

a. 映画をみて　　b. 映画を見る　　c. 映画を見るの

## 142 ～に限ったことではない

**意味** ～だけでない

**接続** N＋に限ったことではない

**例文** ・若者の引きこもりは我が国に限ったことではない。

・伝染病の流行は、今回に限ったことではなく、以前にも何度かあった。

**問題**

① 大気汚染はアジアに限った（　　　）。

a. ことではない　　b. ではない　　c. ことはない

② いじめ問題は、学校に（　　　）ことではない。

a. 限っての　　b. 限る　　c. 限った

## 143 ～極まる／～極まりない（硬）

**意味** 非常に、この上なく、極限まで～だ

**接続** ㋤A＋極まる

Aこと／㋤A（なこと）＋極まりない

**例文**
・黒人の英語の先生がこの1か月の間に職務質問を5回も受けたとは、失礼極まる。
・未だにアフリカでの乳幼児の死亡率が高いとは、残念なこと極まりない。

**＊** 不愉快極まる、卑劣極まる、感極まって（＝非常に感動して）

**問題**

① （　　　）極まりない授業を6時間も聞き続けるのは、まるで拷問だ。
　a. 面白い　　b. 退屈　　c. 興味

② 突然の受賞の連絡に、（　　　）言葉が出てこなかった。
　a. 感極まって　　b. 感極まった　　c. 感極まる

## 144 ～の極み（硬）

**意味** 程度が最高

**接続** N＋の極み

**例文**
・生き別れになった兄と50年ぶりに再会できて、感激の極みです。
・今回の家族旅行は、父の退職祝いを兼ねて、贅沢の極みを尽くした。

**＊** 残念の極み、無知の極み

**問題**

① 母親は長時間立ちっぱなしで、（　　　）極みに達していた。
　a. 疲れて　　b. 疲労が　　c. 疲労の

② そんな基本中の基本も知らないなんて、無知の（　　　）です。
　a. 極まり　　b. 極み　　c. 極まりない

第12章

## 145 ～の至り

**意味** 最高に～

**接続** N＋の至り

**例文** ・このような素晴らしい賞をいただいて光栄の至りです。

・あの頃は若気の至りで、怖いもの知らずだった。

**＊** 若気の至り（＝若さのせいでバカなことをする）

**＊** 汗顔の至り（＝非常に恥ずかしい）

**問題**

① 夢だったパリにいくことができて、感激（　　　）です。

a. の至り　　b. に至り　　c. が至り

② 学生時代、若気の至りで（　　　）ばかりした。

a. 不徳　　b. 悪さ　　c. 勉強

## 146 ～ずにす（済）んだ／すむ

**意味** 必要がなく終わった／終わる

**接続** V~~ない~~＋ずにすんだ

Vないで・Vなくて＋すんだ

**例文** ・インターネットで講義に参加できるようになり、学校に行かずにすんだ。

・美しい三姉妹は、結婚後も同じ市に暮らすようになり、離れ離れにならないですんだ。

**★** しない→せず

**問題**

① 階段で転んで大怪我したが、（　　　）にすんでよかった。

a. 手術をする　　b. 手術をしない　　c. 手術をせず

② 今は単語の意味をインターネットで調べられるので、電子辞書は買わずに（　　　）。

a. すんでいる　　b. すもう　　c. すまない

## 147 ～ないではす（済）まない／～ずにはすまない（硬）

**意味** ～することは避けられない（必ず、間違いなく）

**接続** Vない＋ではすまない

V~~ない~~＋ずにはすまない

**例文** ・高価な商品を落として割ってしまったのだから、弁償しないではすまない。

・スキャンダルが判明した以上、彼は議員を辞職せずにはすまないだろう。

**★** しない→せず

**★★** 後半に「意志、命令など働きかけ」の表現はこない。

**問題**

① 私が経営する会社が不渡りを出してしまったので、借金を（　　　）すまない。

a. せずには　　b. せずとも　　c. せずにも

② 司法通訳者になるには、法律用語を知らないでは（　　　）。

a. すむ　　b. すんだ　　c. すまない

## 148 ～ずじまい

**意味** ～ないまま（残念な気持ち）

**接続** Vない＋ずじまい

**例文**
・友だちと年内に会おうと言っていたが、会わずじまいになってしまった。
・あの映画をあんなに見たいと思っていたのに、結局見ずじまいだった。

**＊** 行かずじまい、せずじまい、

**問題**

① 彼女とは、もう20年も会わず（　　　）になっている。

a. にしまい　　b. じまい　　c. まま

② 一時期中国語の勉強に燃えてテキストを何冊か買い込んだが、結局1冊も（　　　）じまいだ。

a. 使わず　　b. せず　　c. 使わない

## 149 ～だけではす（済）まない

**意味** ～だけでは許されない

**接続** V／A／㋤A／N普通形 ＋だけではすまない

N／㋤A＋だけではすまない

**例文**
・横領と不倫発覚で国民の信頼を裏切った議員は、謝るだけではすまない。
・誠実で誰からも好かれている彼が裏でそんなことをするなんて、冗談じゃすまなくなる。

**★** 「だけでは」は、「では／じゃ」に入れ替えできる。

**問題**

① 過去の歴史問題は、反省と謝罪だけでは（　　　）。

a. いかない　　b. すまない　　c. わからない

② 親として子供の犯罪行為を知らなかった（　　　）すまない。

a. だけでは　　b. のでは　　c. のみでは

## 150 ～ないではおかない／～ずにはおかない （硬）

**意味** 自然に必ず～する、～ずにはいられない

**接続** Vない＋ではおかない

Vない＋ずにはおかない

**例文** ・赤ちゃんの愛らしさは、見た人を笑顔にさせずにはおかない。

・観客席からの熱い声援は選手たちを奮い立たせずにはおかない。

**★** しない→せず

**★★** 他動詞か自動詞の使役形がよく使われる。

**問題**

① 彼の独創的なアイデアは人々を感服させずには（　　　）。

a. おかない　　b. いかない　　c. わからない

② 上司の温かい励ましやねぎらいの言葉は、我々にやる気を起こさ（　　　）おかない。

a. せずでは　　b. せずは　　c. せずには

## 151 ～を禁じ得ない（硬）

**意味** 感情を抑えられない

**接続** N＋を禁じ得ない

**例文** ・育ち盛りの子が三日も何も食べてないと聞き、涙を禁じ得なかった。

・建物の質素な外観と違い、内部の飾りや彫刻の豪華さに、驚きを禁じ得ない。

**問題**

① 非道極まりないテロ行為に激しい（　　　）を禁じ得なかった。

a. 表情　　b. 涙　　c. 怒り

② 舞台で命尽きてもかまわないという覚悟で演じる彼らの迫真の演技に感動を（　　　）。

a. 禁じた　　b. 禁じ得なかった　　c. 禁じてなかった

第13章

## 152 ～を余儀なくされる／～を余儀なくさせる ●●● (硬)

**意味** ～しなければならなくなる、追い込まれる（必然的、強制）

**接続** N＋を余儀なくされる／を余儀なくさせる

**例文**
・公金を使い込み、社長は辞任を余儀なくされた。
・様々な危険性の指摘は、原子力発電の中止を余儀なくさせた。

★ 主語が人の場合は、「～を余儀なくされる」

★★ 主語が人以外の場合は、「～を余儀なくさせる」

**問題**

① 重い病気で前途洋々たる青年が退社を余儀なく（　　　）。

a. する　　b. された　　c. した

② 差し迫ってくる津波が、真夜中の避難を（　　　）。

a. 余儀なくされた　　b. 余儀なくされる　　c. 余儀なくさせた

## 153 ～てみせる

**意味** 必ず～する（決心）

**接続** Vて＋みせる

**例文**
・今度こそ、絶対に合格してみせる。
・年内にこの本を必ず出版してみせるぞ。

**問題**

① 今年こそ、富士山の頂上まで登って（　　　）。

a. みせる　　b. いく　　c. いる

② 一生懸命勉強して、必ず弁護士に（　　　）みせる。

a. なると　　b. なれば　　c. なって

## 154 ～てやまない　●● （硬）

**意味** とても～だ

**接続** Vて＋やまない

**例文** ・僕は君たちの日本での就職を願ってやまない。

・尊敬してやまない親を持つということは、本当に幸せなことだ。

**＊** 祈ってやまない、信じてやまない、期待してやまない

**★** 「尊敬する、後悔する、願う、期待する、愛する」など、「心の状態」を表す限られた動詞につく。

**問題**

① 私の愛し（　　　）本は、サンテクジュペリ作「星の王子様」です。

a. てやむ　　b. てやまない　　c. てやむをえない

② お遍路さんに出会うたび、無事に終えられるよう（　　　）やまない。

a. 祈って　　b. 信じて　　c. 歌って

## 155 ～なくはない／～なくもなく

**意味** ～と言っていい（消極的肯定）

**接続** Vなく・Vられなく＋はない／もなく

Aくなく＋はない／もなく

㋤Aでなく＋はない／もなく

Nがなく＋はない／もない

**例文** ・本国に帰りたいという彼の気持ちは分からなくはない。

・退職したら、憧れのパリで暮らせなくもない。

**問題**

① 少し無理すれば、車を買え（　　　）。

a. ない　　b. ないもない　　c. なくはない

② 給料は安いし、勤務時間は長いし、たまに転職を（　　　）なくもない。

a. 考えが　　b. 考え　　c. 考えて

## 156 ～ない（もの）でもない （硬）

**意味** ～なくもない。（もしかしたら、～かもしれない）

**接続** Vない＋（もの）でもない

**例文**
・この契約は条件によっては、成立しないものでもない。
・このピアノ曲は少し練習すれば、弾けないものでもない。

**問題**

① このマスクは、私にも（　　　）ものでもない。

a. 作れない　　b. 作れる　　c. 作らない

② 人事部の評価次第では、昇進できない（　　　）。

a. のでもない　　b. に及ばない　　c. ものでもない

## 157 ～とは比べものにならない

**意味** （全然違うので）～とは比べることができない、～には及ばない

**接続** N＋とは比べものにならない

**例文**
・スマートフォンのカメラで撮る写真は、以前のものとは比べものにならないほど、鮮明に映る。
・横浜の夜景は、他のどこの夜景とも比べものにならないくらいファンタスティックである。

**問題**

① 彼の作品は、私のもの（　　　）比べものにならないくらい素晴らしい。

a. に　　b. とは　　c. では

② 本を読んで頭で理解するのと、身をもって体験するのとでは、その理解度は（　　　）にならない。

a. 比べもの　　b. 比べるもの　　c. 比べてのもの

## 158 ～ないもの（だろう）か（硬）

**意味** どうにかしたい

**接続** Vない／Vれない＋もの（だろう）か

**例文** ・父の形見の時計を、どうにか直せないものだろうか。

・そこをなんとか、できないものだろうか。

**★** 「どうにか、なんとか、もう少し」などと一緒によく使う。

**問題**

①この魚の臭み、（　　　）ならないものだろうか。

a. なんでも　　b. なんにも　　c. なんとか

②この報告書、もう少し簡潔にまとめられないもの（　　　）。

a. だろう　　b. だろうか　　c. だろうと思う

# 第14章 根拠・受身・使役の文型などを覚えよう!

## 159 ～を踏まえて

**意味** ～をもとにして（根拠）

**接続** N＋を踏まえて

**例文**
・その議員への批判が高まっていることを踏まえて、警察は捜査に乗り出した。
・議論の結果を踏まえて、今後の方針を決めていこうと思います。

**＊** 「意見、体験、状況、～の話」などの名詞につく。

**問題**

① 現場での（　　　）を踏まえて、お話しさせていただきます。

a. 活躍　　b. 経験　　c. 考慮

② 皆様の貴重な意見（　　　）、今後の方針を決めてまいりたいと思います。

a. を踏まえて　　b. に踏まえて　　c. を踏まえるから

## 160 ～を前提として／～を前提に（して）／～前提で

**意味** ～を条件として

**接続** N＋を前提として／を前提に（して）
N＋前提で

**例文**
・結婚を前提として付き合い始めたが、彼の人柄に失望して別れた。
・共同経営前提で大金を投資したが、相手はそのつもりはないと言ってきた。

**＊** 「～という前提の下に」（＝～という考え方を基本に）

**問題**

① 共著（　　　）、この本作りに関わってきたが、なぜか私の名前は外されてしまった。

a. を前提で　　b. 前提に　　c. を前提に

② 皆さんは日本へ来る前に母国で勉強してきたという（　　　）で、この授業を行っています。

a. 前提　　b. 理由　　c. 前置き

## 161 ～ことなしに（は）（硬）

**意味** ～ないで

**接続** V＋ことなしに（は）

**例文**
・努力することなしには、自分の夢は叶えられない。
・二国間の歴史を知ることなしに、この問題を解決することはできないだろう。

**問題**

① （　　　）なしに時間をつぶすだけの人生はもう嫌だ。

a. 成す　　b. 成すこと　　c. こと

② 司法試験に合格する（　　　）弁護士にはなれない。

a. ことなくて　　b. ことないで　　c. ことなしに

## 162 ～たことにする／～たことになる

**意味** ～のと同じように（事実と反対）

**接続** Vた／Aかった＋（という）ことにする／ことになる

N／㋤A（だ）＋（という）ことにする／ことになる

**例文**
・韓国に行ったことにして、新大久保で美味しいものでも食べて元気をつけよう。
・彼はこの研究会の会員だということになっているけど、どうも違うらしい。

**問題**

① 今回の出来事は、知らなかった（　　　）してください。

a. ことに　　b. と　　c. ことも

② 自分はこの業界でナンバーワン（　　　）して、営業して回っている。

a. だったと　　b. ということも　　c. ということに

## 163 〜のをいいことに

意味 〜という好機を利用して（悪いことをする、批判の気持ち）

接続 N／㊉Aである／V＋のをいいことに

例文 ・父親が社長であるのをいいことに、彼は威張っている。
・弟が大統領であるのをいいことに、実業家の兄は公共事業への参入を企てた。

問題
① 先生が話をよく聞いてくれる（　　　）、生徒はあることないことを言いつけた。
a. ことに　b. かたわら　c. のをいいことに
② 彼が断われない人であるのを（　　　）、彼女は何でも彼に押しつける。
a. よくして　b. いいことに　c. よく使って

## 164 〜とされる

意味 〜と言われる

接続 V／A／㊉A／N普通形 ＋とされる
N／㊉A＋とされる

例文 ・富士山は昔から浮世絵など芸術創作の源泉で、日本の山の中で最も美しいとされる。
・フランスにあるこの王宮のらせん階段は、晩年のダビンチの設計（だ）とされる。

問題
① ハローワークは失業者の就職を支援する行政機関と（　　　）。
a. される　b. する　c. した
② 歌にも出てくる尾瀬はその美しさゆえ、地上の（　　　）とされる。
a. 星　b. 楽園　c. 月

## 165 ～が～される（硬）

**意味** 自然と（ひとりでに）～そうなる状態

**接続** ～がVられる／れる

**例文** ・この歌を聴くと、旅路での出来事が懐かしく思い出される。
・渓谷の澄んでいる水を見ると、心が洗われる。

**＊** 考えられる、懐かしく思われる、完成が待たれる、将来が案じられる、など

**★** 「心の動き」を表す動詞に使われる

**問題**

① サクランボを食べると、サクランボを箱いっぱい届けてくれた友が（　　　）。
a. 思い出した　b. 思い出す　c. 思い出される

② 彼女の心の叫びになぜ気が付かなかったのかと（　　　）。
a. 悔やまれる　b. 悔やまれない　c. 悔やんでも仕方ない

## 166 ～に～させられる

**意味** 他からの刺激や、何かのきっかけにより、その行動が（必然的に／強制的に）引き起こされる

**接続** ～にVさせられる

**例文** ・動物に注ぐ彼の愛情には、いつも感心させられる。（＝感心している）
・忌まわしい事件が相次ぐ中、実の親による児童虐待にはいろいろと考えさせられる。

**＊** 感じさせられる（＝思わさせられる）

**★** 「感心、感動、考える」など、「感情」に関する動詞につく。

**★★** その他の動詞につくと、「強制」されることを表す。
例）私は先生に罰としてトイレ掃除をさせられた。

第14章

**問題**

① 隣の夫婦喧嘩の（　　　）悩まされている。

a. 叫びが　　b. 音に　　c. 限りに

② 昨日までハイハイしていた我が子が、今日つかまり歩きをした。子どもの成長を（　　　）瞬間だった。

a. 感じさせられた　　b. 感じさせた　　c. 感じられさせた

## 167 ～に言わせれば／～から言わせれば

**意味** ～の意見では

**接続** N（人）＋に言わせれば／から言わせれば

**例文**
- 私から言わせれば、世界一美味しい料理は母親の手作りである。
- 妻に言わせれば、亭主は元気で留守がいいだが、確かにそうかもしれない。

**問題**

① （　　　）に言わせれば、子供はいくら年をとっても心配の種だそうだ。

a. 社長　　b. 親　　c. 友人

② コーチに（　　　）、スポーツ選手にとっては才能より努力のほうが大事だということだ。

a. 言えば　　b. 言わせれど　　c. 言わせれば

## 168 ～とみられる

**意味** ～と思われる

**接続** V／A／ナA／N普通形 ＋とみられる

**例文**
・途中で学校を辞めたので、ビザの更新は難しいとみられる。
・不審者とみられる人が校内に侵入したという放送が入りビックリした。

**問題**

① 緊急事態宣言により、多くの店が閉店に追い込まれると（　　　）。

a. みられる　　b. みる　　c. みた

② サイバー性犯罪の被害者は未成年者が多い（　　　）。

a. とする　　b. ものだ　　c. とみられる

## 169 ～ては／～では

**接続** Vて＋は／N＋では

**意味** ①～なら（条件）

**例文**
・このような土砂ぶりの雨では、外出は無理だろう。
・そんなにたくさん食べては、ダイエットが台無しになるんじゃない？

**意味** ②～したら必ず、～するといつも。同じ行動の繰り返し

**例文**
・イングリッシュガーデンでは、多くの人たちが少し歩いては立ち止まって、美しく咲いたバラを楽しんでいた。
・連休ということで、食べては寝、寝ては食べるという暮らしをしている。

**問題**

① このように道が混んでい（　　　）、時間内に着けないと思う。

a. て　　b. ては　　c. ても

② 祖母は初孫の顔をみては微笑み、（　　　）微笑んで、とても幸せそうだった。

a. みては　　b. みて　　c. みても

第14章

# 第15章 反復・推量の文型などを覚えよう！

## 170 ～つ～つ

**意味** 反復

**接続** V~~ます~~＋つ、V~~ます~~＋つ

**例文** ・不安のあまり、手術室の前で行きつ戻りつしている。
・競馬場では最後まで、抜きつ抜かれつのトップ争いをしていた。

**＊** 持ちつ持たれつ、押しつ押されつ、追いつ追われつ

**★** 慣用的表現に限られる。

**問題**

① 今夜の月は見えつ（　　　）、かくれんぼをしているようだ。

a. 隠しつ　　b. 見られつ　　c. 隠れつ

② 彼らは（　　　）持たれつの関係だから、しょうがないですね。

a. 持って　　b. 持ちつ　　c. 持ちつつ

## 171 ～とも～とも

**意味** ～か～か（区別がつかない、どちらかはっきり言えない）

**接続** N／A／V＋とも

**例文** ・このカバンは本物とも偽物とも判別がつかない。
・葬式に行くとも行かないとも言えず、頭を抱えている。

**問題**

① ゆとり教育は見方によっては（　　　）悪いとも言えない。

a. いいとも　　b. よくとも　　c. よしとも

② 放送局関係者はこの件をニュースにするともしないとも明らかに（　　　）。

a. 示した　　b. 示す　　c. 示さなかった

## 172 ～たら～で

**意味** ～たら（それなりに）

**接続** VたらVで

Aかったら Aかったで

Aかったら Aで

N／㋤AならN／㋤Aで

**例文** ・お金がなかったらないで、それに見合う生活をすれば大丈夫だ。

・恋人がハンサムならハンサムで、女の子にもてるから心配だ。

**問題**

① 財産が多くあったら（　　　）、心配事も増えるだろう。

a. あるで　　b. あったで　　c. あって

② 結婚しなかったらしなかったで、（　　　）暮らすことができる。

a. 寂しく　　b. 孤独に　　c. 自由に

## 173 ～のやら～のやら（話）

**意味** ～べきなのか～べきなのか（主観的会話文）

**接続** A＋のやら

V／A普通形＋のやら

㋤Aな＋のやら

**例文** ・還暦を迎えた。喜んでいいのやら悲しんでいいのやら。

・彼の返事ははっきりしないので、やるのやらやらないのやら、いつも分からない。

**＊** うそなのやら本当なのやら

**問題**

① 写真映りがいいねと言われ、うれしいのやらうれしくないのやら（　　　）。

a. どうしよう　　b. わからなかった　　c. わかるだろう

② この料理は辛すぎておいしいのやら（　　　）、まるでわからなかった。

a. 辛くないのやら　　b. 熱いのやら　　c. おいしくないのやら

# 第15章 反復・推量の文型などを覚えよう！

## 174 ～ものやら（話）

**意味** ～のか分からない

**接続** 疑問詞＋ V／A普通形 ＋ものやら

A／㋤Aな＋ものやら

**例文** ・事故で大けがをした後輩に、どう声をかけていいものやら。

・新型コロナウィルスの影響で気軽に外出もできないこの状態が、いつまで続くことやら。

**＊** どうすればいいのやら、いつ帰れることやら、いつになることやら

**★** 「もの」を「の／こと」に変えられる。

**問題**

① 何をしたらいいものやら、さっぱり（　　　）。

a. 分からない　　b. 分かる　　c. 分かっている

② 定年退職後はどうやって過ごせばいい（　　　）。

a. ものだ　　b. ものを　　c. ものやら

## 175 ～ず（尽）くめ

**意味** ～ばかりである、～一面だ

**接続** N＋ずくめ

**例文** ・黒ずくめの服装をしたダンサーが舞台で踊り始めた。

・いいことずくめの1年でありますように。

**＊** ごちそうずくめ、幸せずくめ

**★** 「～づくめ」もOK。

**問題**

① この学校は規則ずくめで、（　　　）しそうだ。

a. 勉強　　b. 窒息　　c. ため息

② はじめて訪ねた上司の家では、ごちそう（　　　）歓迎してくださった。

a. ずくめで　　b. だらけで　　c. をもって

## 176 ～まみ（塗）れ ●●（—）

意味 ～だらけ

接続 N＋まみれ

例文 ・父はいつも<u>汗まみれになって</u>、家族のために働いている。

・子供は<u>泥まみれになって</u>、思いっきり遊んだ。

＊ 血まみれ、ほこりまみれなど、汚いものにつく。

＊ 「借金まみれ」＝借金を多く抱えているさま、困った状態を表す。

問題

①（　　　）の事件現場に遭遇して腰を抜かした。

a. 血まみれ　　b. ほこりまみれ　　c. 泥まみれ

② 借金まみれの生活で（　　　）。

a. お腹が空いた　　b. 喉が痛い　　c. 首が回らない

## 177 ～ぐるみ

意味 ～全体の、～全員の

接続 N＋ぐるみ

例文 ・育児には<u>地域ぐるみの支援</u>が必要だ。

・この事件は後に<u>組織ぐるみの犯罪だった</u>ことがあきらかになった。

問題

① 帰宅途中、路地で強盗に会い、身（　　　）はがされた。

a. くるみ　　b. くるんで　　c. ぐるみ

② 家族（　　　）の付き合いだから何でも助け合います。

a. みんな　　b. ぐるみ　　c. だけ

第15章

# 第15章 反復・推量の文型などを覚えよう！

## 178 ～並み

**意味** ～くらい（同じ程度）

**接続** N＋並み

**例文** ・彼はネイティブ並みの日本語力で、討論会で大活躍した。

・世間並みの生活を送れれば、それで十分です。

＊ 平年並みの気温、新幹線並みのスピード、飛行機並みの速さ

＊ 十人並み（＝平均的）

**問題**

① 今日は月曜日なのに、休日（　　）の混雑だね。

a. 並み　b. より　c. くらい

② 今日は平年並みの（　　）だというから、そんなに暑くないでしょう。

a. 気候　b. 気温　c. 温度

## 179 ～ものと思う

**意味** 当然～だ

**接続** Nである＋ものと思う

㋤Aな・㋤Aである＋ものと思う

V普通形＋ものと思う

**例文** ・電車は10分間隔で運行されているものと思っていたが、事故でもあったのだろうか。

・動物の赤ちゃんはみな可愛いものと思っていたが、蛇はちょっとね。

**問題**

① 彼らはとっくに別れた（　　）思っていたが、またよりを戻したらしい。

a. もので　b. ものも　c. ものと

② 大きな取引を成功させたので、今年は（　　）ものと思ったが、まだらしい。

a. 昇進できる　b. 結婚できる　c. 独立できる

## 180 ～ものと思われる

**意味** ～だろう

**接続** Nの＋ものと思われる

V普通形＋ものと思われる

A／㊔Aな＋ものと思われる

**例文** ・ワルツは簡単に踊れるものと思われますが、意外と難しいようです。

・被疑者のものと思われる毛髪のＤＮＡが一致して、裁判の行方から目が離せない。

**問題**

① 日本人なら誰もが初詣に行く（　　　）が、行かない人もいる。

a. ものとする　　b. ものでもない　　c. ものと思われる

② ゴールデンウィークの羽田空港は大変（　　　）ものと思われますので、早めにお出かけください。

a. 混乱する　　b. 混雑する　　c. 狭くなる

## 181 ～とて（書）（参照 86 こととて）

**意味** ～でも

**接続** N ＋とて

**例文** ・いくら親とて、子供の本当の気持ちを察することは難しい。

・夫婦とてお互いのすべてを知っているわけではない。

★ 書き言葉で古い表現。

**問題**

① オンライン会議は（　　　）とて、どうしても緊張してしまう。

a. 初め　　b. 初めてのこと　　c. 初めてに

② 慣れない（　　　）、ミスが多くてすみませんでした。

a. こととて　　b. とて　　c. ことでも

# 第15章 反復・推量の文型などを覚えよう!

## 182 ～にて（書）

**意味** ～で（手段方法、理由、場所、限定、時）

**接続** N＋にて

**例文**
・結婚式は逗子マリーナのホテルにて行います。
・【手紙】フランスにて。
・申し込みは今週にて締め切りました。

**問題**

① 申し込みはメール（　　　）承ります。

a. にて　　b. に　　c. からも

② 優勝を記念して、一週間（　　　）にて販売します。

a. 安く　　b. セール　　c. 特別価格

## 183 ～より（硬）

**意味** ～から（時間の開始点や場所の起点）

**接続** N＋より

**例文**
・テキスト55ページより抜粋
・旅行の申し込みは出発2か月前より開始します。
【手紙・Eメール】6月1日　美智子より

**問題**

① 5月1日（　　　）、一部社員の在宅勤務を開始します。

a. で　　b. より　　c. さえ

② これはポーランドにいる山田さん（　　　）送られてきた絵ハガキだ。

a. より　　b. に　　c. で

# まとめの問題

# まとめの問題

## 第1回

次の文の（　　）に入れるものに最もよいものを、① ② ③ ④から一つ選びなさい。

1　彼は賄賂の授受が（　　）退職した。
① ばれるが早いか　② ばれてからというもの　③ ばれるそばから　④ ばれるも

2　彼は自分の利益のため（　　）どんなことでもする。
① にあって　② にすれば　③ とあって　④ とあれば

3　にわか雨で頭のてっぺんから足の先（　　）びっしょりだ。
① も　② に至るまで　③ を至るまで　④ でも

4　A「先生、日本語能力試験1級に合格しました。先生のおかげです。」
B「いいえ、よく頑張りましたね。あなたは受かるべくして（　　）。」
① 受かっています　② 受かりますよ　③ 受かったんですよ　④ 受かっていません

5　いくら厚化粧をした（　　）、急に綺麗になれるわけがない。
① ところに　② ところが　③ ところで　④ ところを

6　学生の中にコロナの感染者が出て、休校を（　　）。
① 余儀なくされた　② 余儀なくさせた　③ 余儀なくする　④ 余儀なくした

7　微力ではございますが、私（　　）最善を尽くしてまいりますのでよろしくお願いいたします。
① なろうとも　② なりと　③ なりとも　④ なりに

8　人に何を（　　）、彼は自分の夢に向かって邁進した。
① 言われようが　② 言っても　③ 言われるが　④ 言われるか

9　学生あっての学校だから、もっと学生の（　　）に耳を傾けるべきだ。
① ニュース　② ニーズ　③ 目的　④ 目標

10　緊急避難の案内放送が流れる（　　）、村人は急いで高台に逃げた。
① そばから　② 限り　③ やすぐに　④ や否や

## 第2回

次の文の（　　）に入れるものに最もよいものを、① ② ③ ④から一つ選びなさい。

1　（　　）というもの、体調がすごく良くなった。
① さっき昼寝してから　② 朝起きてから　③ 運動を始めてから　④ 昨日から

2　緊急事態宣言下にあっても（　　）している店を今回インタビューすることにした。
① 商売繁盛　② 店じまい　③ 廃業　④ 制限営業

3　今年3月をもちまして、（　　）いたします。大変お世話になりました。
① 終了　② 退職　③ 辞任　④ 休校

4　愛し（　　）子供を交通事故で亡くし、彼女はショックのあまり声が出なくなった。
① ても　② ているのに　③ てからというもの　④ てやまない

5　幹細胞を使って難病が治療できる（　　）すごいことだ。
① とは　② と言われ　③ といったら　④ とも

6　あなたのことは一瞬（　　）忘れたことがありません。
① で　② たりとも　③ なりとも　④ とも

7　偉いだなんて、私は自分のするべきことをした（　　）です。
① から　② の　③ まで　④ まま

8　歌といい、舞台装置といい、劇団四季のミュージカルの（　　）といったらなかった。
① 面白さ　② 派手さ　③ 迫力　④ 素晴らしさ

9　血（　　）の彼の顔をみたとたん、彼女は倒れてしまった。
① まみれ　② ずくめ　③ ぐるみ　④ なみ

10　コロナの状況（　　）、4月からの講座はオンラインに切り替わる可能性がある。
① いかんを問わず　② いかんによらず　③ いかんでは　④ いかんにかかわらず

## 第３回

次の文の（　　）に入れるものに最もよいものを、①②③④から一つ選びなさい。

1　バレリーナの彼女は足の傷を（　　）、最後まで美しく踊り切った。

①よそに　②ものともせずに　③経て　④ふまえて

2　たとえボランティア（　　）、仕事は責任をもってやるべきだと思う。

①とはいえ　②ときたら　③と思いきや　④といえども

3　ダイエットのためには、運動する（　　）ことはないが、なかなか続かない。

①に足る　②に堪えた　③に越した　④に勝つ

4　お正月（　　）、明治神宮は初詣の人々が長蛇の列を成している。

①ともなると　②といえども　③ともあろうものが　④ときたら

5　勤勉な兄にひきかえ、弟はいつも（　　）ばかりでいる。

①遊んで　②働いて　③勉強して　④食べて

6　いつの時代も「芸術は心の糧」というのは、言う（　　）。

①までだ　②ことない　③までもない　④までのことだ

7　つい口を滑らせて人の秘密を暴露してしまったら、謝らずには（　　）。

①堪えない　②当たらない　③至らない　④済まない

8　台風のせいで、今日の参加者は（　　）５、６人といったところです。

①みんな　②せいぜい　③せめて　④最低でも

9　ダンス大会で優勝とはいかないまでも、（　　）。

①参加したい　②入選はしたい　③優勝はしたい　④勝ちたい

10　お金をたくさん持てば（　　）、心配ごともあるだろう。

①持ったで　②持つで　③持って　④持ったから

# 問題解答編

## ◎まとめの問題の答え

| 番号 | 第１回 | 第２回 | 第３回 |
|---|---|---|---|
| 1番 | ① | ③ | ② |
| 2番 | ④ | ① | ④ |
| 3番 | ② | ② | ③ |
| 4番 | ③ | ④ | ① |
| 5番 | ③ | ① | ① |
| 6番 | ① | ② | ③ |
| 7番 | ④ | ③ | ④ |
| 8番 | ① | ④ | ② |
| 9番 | ② | ① | ② |
| 10番 | ④ | ③ | ① |

【解答】

| | | |
|---|---|---|
| 1 | ① b | ② a |
| 2 | ① c | ② a |
| 3 | ① b | ② b |
| 4 | ① c | ② a |
| 5 | ① a | ② b |
| 6 | ① b | ② c |
| 7 | ① c | ② a |
| 8 | ① c | ② b |
| 9 | ① a | ② c |
| 10 | ① a | ② c |
| 11 | ① b | ② a |
| 12 | ① b | ② a |
| 13 | ① b | ② b |
| 14 | ① b | ② a |
| 15 | ① a | ② b |
| 16 | ① a | ② c |
| 17 | ① b | ② c |
| 18 | ① a | ② c |
| 19 | ① b | ② a |
| 20 | ① c | ② b |
| 21 | ① c | ② a |
| 22 | ① b | ② a |
| 23 | ① a | ② c |
| 24 | ① b | ② a |
| 25 | ① a | ② c |
| 26 | ① b | ② c |
| 27 | ① b | ② a |
| 28 | ① c | ② a |
| 29 | ① b | ② a |
| 30 | ① b | ② a |
| 31 | ① c | ② b |
| 32 | ① c | ② a |
| 33 | ① b | ② b |
| 34 | ① a | ② c |
| 35 | ① c | ② a |
| 36 | ① b | ② a |
| 37 | ① c | ② a |
| 38 | ① b | ② c |
| 39 | ① c | ② a |
| 40 | ① b | ② a |
| 41 | ① a | ② b |
| 42 | ① c | ② b |
| 43 | ① c | ② b |
| 44 | ① b | ② c |
| 45 | ① c | ② a |
| 46 | ① c | ② b |
| 47 | ① a | ② a |
| 48 | ① b | ② a |
| 49 | ① c | ② a |
| 50 | ① c | ② b |
| 51 | ① b | ② c |
| 52 | ① a | ② a |
| 53 | ① b | ② a |
| 54 | ① c | ② b |
| 55 | ① a | ② b |
| 56 | ① a | ② c |
| 57 | ① a | ② c |
| 58 | ① b | ② a |
| 59 | ① c | ② b |
| 60 | ① a | ② c |
| 61 | ① b | ② a |
| 62 | ① c | ② a |
| 63 | ① a | ② c |
| 64 | ① b | ② b |

【解答】

| | | |
|---|---|---|
| 65 | ① c | ② a |
| 66 | ① a | ② c |
| 67 | ① b | ② a |
| 68 | ① c | ② a |
| 69 | ① b | ② a |
| 70 | ① b | ② c |
| 71 | ① a | ② c |
| 72 | ① b | ② c |
| 73 | ① c | ② a |
| 74 | ① b | ② c |
| 75 | ① a | ② c |
| 76 | ① b | ② a |
| 77 | ① c | ② b |
| 78 | ① a | ② c |
| 79 | ① b | ② c |
| 80 | ① a | ② b |
| 81 | ① c | ② a |
| 82 | ① a | ② b |
| 83 | ① c | ② a |
| 84 | ① a | ② b |
| 85 | ① c | ② a |
| 86 | ① b | ② c |
| 87 | ① c | ② c |
| 88 | ① b | ② c |
| 89 | ① a | ② b |
| 90 | ① c | ② b |
| 91 | ① a | ② b |
| 92 | ① c | ② a |
| 93 | ① b | ② c |
| 94 | ① c | ② a |
| 95 | ① b | ② a |
| 96 | ① c | ② a |
| 97 | ① b | ② c |
| 98 | ① a | ② b |
| 99 | ① c | ② a |
| 100 | ① b | ② c |
| 101 | ① b | ② c |
| 102 | ① a | ② b |
| 103 | ① b | ② a |
| 104 | ① a | ② c |
| 105 | ① b | ② c |
| 106 | ① a | ② b |
| 107 | ① c | ② a |
| 108 | ① b | ② c |
| 109 | ① a | ② c |
| 110 | ① b | ② a |
| 111 | ① c | ② b |
| 112 | ① a | ② a |
| 113 | ① b | ② a |
| 114 | ① c | ② b |
| 115 | ① a | ② c |
| 116 | ① b | ② a |
| 117 | ① c | ② b |
| 118 | ① b | ② a |
| 119 | ① a | ② a |
| 120 | ① a | ② b |
| 121 | ① c | ② b |
| 122 | ① a | ② c |
| 123 | ① a | ② c |
| 124 | ① b | ② a |
| 125 | ① c | ② b |
| 126 | ① a | ② b |
| 127 | ① b | ② c |
| 128 | ① c | ② a |

| | | |
|---|---|---|
| 129 | ① c | ② a |
| 130 | ① a | ② c |
| 131 | ① c | ② b |
| 132 | ① b | ② c |
| 133 | ① b | ② a |
| 134 | ① a | ② c |
| 135 | ① c | ② a |
| 136 | ① c | ② a |
| 137 | ① b | ② a |
| 138 | ① a | ② b |
| 139 | ① b | ② a |
| 140 | ① c | ② b |
| 141 | ① c | ② b |
| 142 | ① a | ② c |
| 143 | ① b | ② a |
| 144 | ① c | ② b |
| 145 | ① a | ② b |
| 146 | ① c | ② a |
| 147 | ① a | ② c |
| 148 | ① b | ② a |
| 149 | ① b | ② a |
| 150 | ① a | ② c |
| 151 | ① c | ② b |
| 152 | ① b | ② c |
| 153 | ① a | ② c |
| 154 | ① b | ② a |
| 155 | ① c | ② b |
| 156 | ① a | ② c |
| 157 | ① b | ② a |
| 158 | ① c | ② b |
| 159 | ① b | ② a |
| 160 | ① c | ② a |
| 161 | ① b | ② c |
| 162 | ① a | ② c |
| 163 | ① c | ② b |
| 164 | ① a | ② b |
| 165 | ① c | ② a |
| 166 | ① b | ② a |
| 167 | ① b | ② c |
| 168 | ① a | ② c |
| 169 | ① b | ② a |
| 170 | ① c | ② b |
| 171 | ① a | ② c |
| 172 | ① b | ② c |
| 173 | ① b | ② c |
| 174 | ① a | ② c |
| 175 | ① b | ② a |
| 176 | ① a | ② c |
| 177 | ① c | ② b |
| 178 | ① a | ② b |
| 179 | ① c | ② a |
| 180 | ① c | ② b |
| 181 | ① b | ② a |
| 182 | ① a | ② c |
| 183 | ① b | ② a |

# 索引

## ◎索引Ⅰ　あいうえお順

## ◎索引Ⅰ　あいうえお順

## ◎索引Ⅰ　あいうえお順

## ◎索引Ⅱ　機能別（代表例文）

| 例文 | ページ |
|---|---|
| ダンスが始まるや否や、ショッピングモールの特設舞台の前に人が集まってきた。 | 16 |
| 女の子は母親を見るが早いか、その胸に飛び込んだ。 | 16 |
| 社長は事務室に入ってくるなり、いきなり大声を出して怒った。 | 17 |
| 片付けているそばから、子犬が次々とリビングを散らかしている。 | 17 |
| 国を出てからというもの、ホームシックは深まるばかりだ。 | 18 |
| 有害物質を排出する工場が建ってからというもの、この町ではガン患者が増え続けている。 | 18 |
| サラリーマンだった父は定年退職を境に、日本語ボランティア教室で日本語を教え始めた。 | 19 |
| 今日を限りに、夕方6時以降は食べないことにする。 | 18 |
| この展示会は東京を皮切りに、全国4か所で順次開催されます。 | 20 |
| 海辺での散策時間は毎日1時間というところだ。 | 21 |
| 突然の雨で頭のてっぺんから足の先に至るまで、ずぶ濡れだ。 | 21 |
| 彼は歌手活動にとどまらず、歌番組のMCまでしている。 | 23 |
| 本日をもって、日本語能力試験N1対策の特別講座を終了とします。 | 63 |
| これだけ芸術的な建築物を見られる場所は、ローマをおいてほかにない。 | 22 |
| この音響は、このホールならではだと思う。 | 23 |
| 試験で満点を取れる人は、君ぐらいのものだ。 | 51 |
| 結婚式は逗子マリーナのホテルにて行います。 | 122 |
| 祖母はお風呂で転んでしまい、歩くことはおろか、立つこともできない。 | 24 |
| この町は交通の利便性もさることながら、海や山が近くて子育てには最適である。 | 24 |
| モンサンミッシェルは朝の霧と相まって、不思議な雰囲気を醸し出していた。 | 34 |
| 分からないことがあれば、ネットで調べるなり、上司に聞くなりしてください。 | 26 |
| 勉強であれ、部活であれ、本気を出して取り組むことが必要だ。 | 27 |
| マーク君は漢字が難しいだの、書けないだの、文句ばかり言っている。 | 27 |
| ここのメンバーは田中さんといい、今関さんといい、個性豊かな人ばかりである。 | 28 |
| 祖父は平日といわず、週末といわず、ボランティア活動に精を出している。 | 28 |
| 息子が自立して家を出たことは、嬉しいというか寂しいというか、複雑な心境です。 | 29 |
| 東京オリンピックが開催できるかどうかは、コロナの対策いかんだ。 | 29 |
| 理由いかんにかかわらず、全員このイベントにご参加ください。 | 30 |
| ベートーヴェンは聴力喪失をものともせずに、あの素晴らしい作品を作曲した。 | 30 |
| 家族の心配をよそに、彼女は一人で世界一周の旅に出かけた。 | 31 |
| 30年前ならいざしらず、現代はスマホなしの生活は考えられない。 | 31 |

## ◎索引Ⅱ　機能別（代表例文）

## ◎索引Ⅱ　機能別（代表例文）

## ◎索引Ⅱ　機能別（代表例文）

| 例文 | ページ |
|---|---|
| 大学の学長ともあろう人が、差別的な発言をするなんて信じがたい。 | 75 |
| 国会議員たるものは、国民の代弁者としての任務を全うしなくてはならない。 | 75 |
| 現状に即した対策案が出てくることを期待する。 | 80 |
| その議員への批判が高まっていることを踏まえて、警察は捜査に乗り出した。 | 110 |
| 母親は体を壊してまでも、息子達の学費のため、一日も休まず必死に働いてきた。 | 81 |
| 徹夜までしてプレゼンテーションの資料を準備したのに、突然キャンセルとなった。 | 81 |
| 政府は死者が出るに至って、事の深刻さにやっと気づいた。 | 83 |
| 借金返済に困り果て、とうとう結婚指輪まで売ってしまう始末だ。 | 84 |
| あまりの暑さに、一日中エアコンをつけっぱなしにして過ごした。 | 85 |
| 今回の事態について私なりに考えてみた。 | 76 |
| 引っ込み事案な姉にひきかえ、妹は明るく友だちも多い。 | 78 |
| 留学帰りの彼女は以前にもまして輝いていた。 | 78 |
| この会社は他社に先駆けて、Ｇ５携帯を発明した。 | 79 |
| 親が親なら、子も子だ。 | 80 |
| プロにはなれないまでも、音楽活動はずっと続けていくつもりだ。 | 81 |
| 緊張のあまり面接試験でうまく答えられなかったが、これくらいで嘆くにはあたらない。 | 94 |
| 彼はネイティブ並みの日本語力で、討論会で大活躍した。 | 120 |
| 彼のごとき人物は、刑務所に入れられて当然だ。 | 82 |
| 人を侮辱するような発言は、ヘイトスピーチでなくてなんだろう。 | 94 |
| やってみて気に入らなければ、辞めるまでだ。 | 95 |
| 起業するには投資家から信頼を得ることが一番大事だということは、言うまでもない。 | 96 |
| いくらけいこを重ねても、上演できなければそれまでだ。 | 96 |
| 不安のあまり、手術室の前で行きつ戻りつしている。 | 116 |
| 気持ちが若ければこそ、何事も新しい気持ちで学び、人生を楽しめるというものだ。 | 65 |
| 子供でもあるまいし、めそめそするのは止めなさい。 | 66 |
| 子供の手前、かっこういいお父さんの姿を見せたくて、ありったけの力を振り絞った。 | 66 |
| 組織的なデジタル性犯罪ゆえ、警察はサイバー捜査に全力を挙げている。 | 67 |
| 緊急のこととて、みんな慌てて避難しました。 | 68 |
| 今日は金曜日とあって、夜の街は人で溢れかえっている。 | 68 |
| 就職が困難な時代にあって、結婚を諦める若者も多くいる。 | 69 |
| いくら親とて、子供の本当の気持ちを察することは難しい。 | 121 |
| 彼女の壮絶な闘病生活は想像に難くない。 | 70 |

## ◎索引Ⅱ　機能別（代表例文）

## ◎日本語能力試験〈Ｎ１〉について

**試験日：年２回（７月と 12 月の日曜日）**＊海外では年１回のところもあり。

2010 年より新しい試験方式になりました。解答は前試験同様、マークシート方式です。

Ｎ１レベル目標：「幅広い場面で使われる日本語を理解することができる」（JLPT HP より）

<table>
<tr><th colspan="3">試験の構成内容</th><th>大問</th><th>小問数</th><th>点数</th></tr>
<tr><td rowspan="13">言語知識<br>（文字・語彙・<br>文法）<br>・<br>読解<br>（110 分）</td><td rowspan="4">文字・<br>語彙</td><td>問題１</td><td>漢字の読み</td><td>6</td><td rowspan="7">0～60 点<br>（基準点 19 点）</td></tr>
<tr><td>問題２</td><td>文脈規定</td><td>7</td></tr>
<tr><td>問題３</td><td>言い換え類語</td><td>6</td></tr>
<tr><td>問題４</td><td>用法</td><td>6</td></tr>
<tr><td rowspan="3">文法</td><td>問題５</td><td>文の文法１（文法形式の判断）</td><td>10</td></tr>
<tr><td>問題６</td><td>文の文法２（文の組み立て）</td><td>5</td></tr>
<tr><td>問題７</td><td>文章の文法</td><td>5</td></tr>
<tr><td rowspan="6">読解</td><td>問題８</td><td>内容理解（短文）</td><td>4</td><td rowspan="6">0～60 点<br>（基準点 19 点）</td></tr>
<tr><td>問題９</td><td>内容理解（中文）</td><td>9</td></tr>
<tr><td>問題 10</td><td>内容理解（長文）</td><td>4</td></tr>
<tr><td>問題 11</td><td>統合理解</td><td>3</td></tr>
<tr><td>問題 12</td><td>主張理解</td><td>4</td></tr>
<tr><td>問題 13</td><td>情報検索</td><td>2</td></tr>
<tr><td colspan="2" rowspan="5">聴解<br>（60 分）</td><td>問題１</td><td>課題理解</td><td>6</td><td rowspan="5">0～60 点<br>（基準点 19 点）</td></tr>
<tr><td>問題２</td><td>ポイント理解</td><td>7</td></tr>
<tr><td>問題３</td><td>概要理解</td><td>6</td></tr>
<tr><td>問題４</td><td>即時応答</td><td>14</td></tr>
<tr><td>問題５</td><td>統合理解</td><td>4</td></tr>
<tr><td colspan="6">合格点 100 点 /180 満点（一つでも基準点に達していなければ、不合格）</td></tr>
</table>

＊小問数は予想です。試験日、実施地、出願方法など、最新情報は日本語能力試験の公式ホームページ　https://www.jlpt.jp　をご覧ください。

【監修者・著者紹介】

◎留学生就職サポート協会：2019年、一般社団法人として設立。日本の企業で働くことを希望する留学生と企業とのマッチングを図るほか、留学生と企業に向けて就職にかかわる教育・啓発活動を行い、優秀な外国人留学生の日本企業への就職を実現している。

◎尹　貞源：元大妻女子大学国際センター日本語講師

**よくわかる！日本語能力試験　N1合格テキスト　文法**

2021年6月10日　初版第1刷発行
2024年3月1日　　　第2刷発行

監　修　一般社団法人　留学生就職サポート協会
著　者　尹貞源
発行者　森下紀夫
発行所　論 創 社

〒101-0051 東京都千代田区神田神保町2-23　北井ビル
tel. 03(3264)5254　fax. 03(3264)5232　https://ronso.co.jp
振替口座　00160-1-155266

本文・カバーデザイン　岡本美智代（mos96）
印刷・製本　中央精版印刷　組版　フレックスアート
ISBN978-4-8460-2032-3
落丁・乱丁本はお取り替えいたします。